Die Musikinstrumente der Bibel;

eine Gabe Gottes, zur Ehre des HERRN.

Bei den sog. Danielschen Instrumenten handelt es sich nicht um solche; sie wurden nie zur Ehre Gottes gespielt, das Gegenteil war der Fall. Aus diesem Grund werden sie hier nicht beachtet.

Weiter ist erschienen:
ISBN: 978-3-7392-1993-6:   Die Botschaft der 11 Gewürze der Bibel,
die auf Christus und Sein Werk hinweisen.

Die Bibelstellen werden angeführt nach der „Elberfelder Übersetzung"
(Edition Christliche Schriftenverbreitung Hückeswagen, 2003).

© 2026 Jochen Schneider
Verlag: BoD · Books on Demand GmbH, Überseering 33,
22297 Hamburg, bod@bod.de
Druck: Libri Plureos GmbH, Friedensallee 273, 22763 Hamburg

Inhaltsverzeichnis	Seite
Vorwort	6
Allgemeines über die Musik im biblischen Kontext.	7
Der Kinnôr	17
Die Kithára	19
Der ʿÛḡāḇ	21
Der ʿĀśôr	24
Der Nêḇel	28
Der Tselâtsal	33
Die Metsêleth	36
Der Châlîyl	39
Der Aulós	42
Das Tôph	45
Der Shâlîysh	48
Der Shôphâr	53
Die Chătsôtserâh	58
Die Sálpigx	65
Der Paʿămôn	72
Die Metsillâh	76

Vorwort

Symbole sind ganz allgemein mehr als nur einfache Gegenstände oder Zeichen oder Gesten. Es sind oft Bedeutungsträger, hinter denen ein tieferer Sinn steht, die stellvertretend für etwas nicht Wahrnehmbares wie Gedanken oder den Glauben stehen, oder sie fassen Prozesse beziehungsweise Ereignisse einfach zusammen. Sie werden gezielt benutzt, sie vermitteln eine Information, die mit den Sinnen nicht direkt wahrnehmbar ist. Und oft lösen sie auch bestimmte Gefühle aus.

Gott redet zu den Menschen durch die Bibel. Er bedient sich in Seinem Wort recht häufig verschiedener Symbole. Er möchte uns auf diesem Weg ganz Bestimmtes - zu unseren Gunsten - von Seinem souveränen Wesen mitteilen. Gott möchte mit uns Gemeinschaft haben. Damit wir mit Ihm Gemeinschaft haben können, müssen wir an Ihn glauben, Seine Gedanken und Sein Wort erfassen und verstehen wollen und Ihn lieben lernen. Glauben wir Seinem guten Wort, werden wir nicht nur mit Freude und Frieden des Herzens gesegnet sein, wir werden Ihm mehr entsprechen, als Seine Nachahmer Ihm ähnlich werden.

Die Instrumente, die uns Gott in Seinem Wort vorstellt, sind solche Symbole (mit Ausnahme der sogenannten Danielschen Instrumente). Bei dem Studium der Musikinstrumente der Bibel lernen wir etwas von dem Willen Gottes kennen, und wir lernen ein stückweit wohin der Herr uns geistlich führen möchte, was wir dann in der Praxis umsetzen sollen.

Das Erforschen dieser gegenständlichen Symbole war mir zum Segen. Die Weisheit Gottes, Seine Heiligkeit, Gnade und Liebe ließ mir die Person des Herrn Jesus Christus, des Sohnes Gottes, größer und wunderbar werden.

Von ganzem Herzen wünsche ich jedem meiner Leser, dass auch ihm die Person des Menschen Jesus Christus größer und wunderbar wird und er den reichen Segen Gottes erfährt.

Allgemeines über die Musik im biblischen Kontext

Die Bibel ist das Wort Gottes an uns! Sie ist - und mit diesem Thema wollen wir uns hier beschäftigen - eine Quelle für das Wissen über das musikalische Leben im alten Israel bis zur Rückkehr der Juden aus dem babylonischen Exil. Sie zeigt ein lebendiges Bild der frühen jüdischen Musikkultur und sie wird durch mehrere Zusatzquellen ergänzt: archäologische Ausgrabungen von Musikinstrumenten und von Abbildungen musikalischer Szenen, vergleichbares Material aus benachbarten Kulturen sowie historische Quellen wie die Schriften von Philo[1], Flavius Josephus[2], die Apokryphen[3] und die Mischna[4] geben Einblicke über ihre Ursprung, Gestalt und Funktion.

Es ist kaum möglich, die biblischen Zeugnisse über Musik chronologisch genau einzuordnen, da oft in einer relativ späten Quelle bestimmte Ereignisse einer früheren Periode zugeordnet werden. Ein Beispiel dafür ist der Bericht des Chronisten (nach 538 v.Chr.) über die Aufstellung der Tempelmusik und der herausragende Status der levitischen Sänger durch König David (etwa 1040 - 970 v.Chr.).

Die Musik, das Spielen auf Instrumenten, war offensichtlich schon immer im Herzen Gottes gewesen. Der Mensch musste das nicht erst erfinden. Wir finden in der Bibel zwei Hinweise:

In Hesekiel 28,1-19 spricht Gott in bildhafter Sprache über den Fürsten von Tyrus, der in seiner frechdreisten, hochmütigen Vermessenheit ein Typus auf Satan ist. Diese metaphorisch beschreibende Beurteilung geht weit über rein menschliches hinaus, sie offenbart eine vorzeitliche Rebellion im Himmel. In Vers 13 heißt es: ... aus Gold war das Kunst-

---

[1] Philon von Alexandria, Philo Judaeus, * um 15/10 v.Chr. - † nach 40 n.Chr., hellenistisch-jüdischer Philosoph und Theologe.
[2] * 37 oder 38; † nach 100, römisch-jüdischer Historiker.
[3] Apokryphe Schriften, sind Texte, die nicht in den biblischen Kanon aufgenommen wurden.
[4] Heb. = „Wiederholung", ist die erste größere Niederschrift der mündlichen Tora und als solche eine der wichtigsten Sammlungen religionsgesetzlicher Überlieferungen des rabbinischen Judentums, aufbauend auf der Kodifizierungsleistung der Tannaim. Die Mischna bildet die Basis des Talmud.

werk deiner Einfassungen und deiner Höhlungen bei dir; an dem Tag, als du geschaffen wurdest, wurden sie bereitet.

Für die in unserer Bibelübersetzung benutzten Worte „Einfassung" und „Höhlung" stehen im Hebräischen die Worte (transkribiert) „tôph" und „neqeḇ".

Die Elberfelder Übersetzung, Version 1.3 und die Elberfelder 1905 übersetzen: ... und Gold. Das Kunstwerk deiner Tamburine und deiner Pfeifen (Flöten) war bei dir; an dem Tage, da du geschaffen wurdest, wurden sie bereitet.

„Tôph" ist die Kurzform von „tâphaph" und bedeutet „spielen, schlagen, erklingen lassen." „Tôph" ist das Tamburin, das gespielt wird.

„Neqeḇ" wird einmal mit Pfeife, Flöte und Rohre übersetzt. Das Wort leitet sich ab von nāqaḇ, das bedeutet auch „durchbohren, durchlöchern, mit Löchern". Das Wort ist gleichzeitig ein Fachbegriff der Juwelierarbeit und er bezeichnet eine Einfassung, Buchse, Loch, Hohlraum z.B. um einen Edelstein einzusetzen.

In der zweiten Bibelstelle mit gleichem vorzeitlichen Hintergrund heißt es in Jesaja 14,11: In den Scheol hinabgestürzt ist deine Pracht, das Rauschen deiner Harfen.

Das bezieht sich auf den König von Babel und seinen Hochmut als Herrscher über die damals bekannte Welt und seiner Auflehnung gegen Gott. Dieser vor Gott so respektlose, unverschämte und hochmütige Charakter offenbart auch hier sein Wesen und auch er ist ein Typus auf Satan.

Das hebräische Wort für Harfe ist „neḇel"; das leitet sich von „nāḇēl" ab, das „sinken, verwelken, zunichtewerden" bedeutet.

Beide Bibelstellen verweisen uns in die Ewigkeit, in Geschehnisse, die vor unserer Zeitrechnung lagen. Folgen wir dieser Übersetzung, dann waren das die ersten drei Instrumente – und die hat Gott gemacht: das Tamburin für den Rhythmus und die Flöte für die Melodie und für die majestätischen, sanften, ruhigen Klänge, aber auch kräftigen, rauschenden, vollen die „Harfe Gottes" (Off 15,2).

Wir können also sagen, dass Gott die Musik „erfunden" und sie auf Melodie und Rhythmus festgelegt hat, die auf Schlag-, Blas- und Saiteninstrumente gespielt werden soll. Musik ist also grundsätzlich etwas Gutes. Es gab sie schon vor dem Sündenfall – im Himmel. Das heißt, dass die Musik als ein Mittel genutzt werden soll, das die Ehre Gottes mehrt, bezeugt durch Seine Geschöpfe.

Nach dem Sündenfall berichtet uns Gottes Wort von *Yûḇāl*, ein in der sechsten Generation Nachkomme Kains. Er ist der Urvater der Musiker. In 1. Mose 4,21 heißt es: Jubal; er war der Vater aller derer, die mit der Laute und der Flöte umgehen.

Die Laute, das *kinnôr*, wird mit „Laute" und „Leier" übersetzt, auch mit „Harfe", wobei dann eine kleine, leicht tragbare Harfe gemeint ist.
Die Flöte, das *'ûḡāḇ*, ist meist ein Schilfrohr mit Löchern.

Es handelte sich um Saiten- und Blasinstrumente. Die Bibel schreibt Jubal nicht zu die Musikinstrumente erfunden zu haben, sie stellt fest, dass er sie benutzte, er war der Erste.
Die Menschen waren „vom Angesicht des HERRN weggegangen" (V. 16). Dennoch hatte Jubal diese Instrumente bauen und spielen können, weil Gott ihm diese Fähigkeiten in Seiner Gnade geschenkt hat.

Erst zu Lebzeiten Moses werden Musikinstrumente und Gesang zur Ehre Gottes biblisch erwähnt. Und das erst nachdem Gott, der HERR, aus Gnade die Nachkommen der Söhne Jakobs als Sein Volk auserwählt und berufen, sie der Macht des Pharao entrissen und aus seinem Machtbereich herausgeführt hatte[5]. Als ein befreites Volk konnten sie mit Tamburinen singen[6] und tanzen[7] (2. Mo 15,1.20). So dankte das irdische Volk Gottes seinem HERRN und rühmte Seinen Namen. Sie priesen Ihn für ihre Rettung. Der alte Patriarch Jakob harrte noch auf die Rettung des HERRN (1. Mo 49,18), das Volk feierte den Retter (2. Mo 15,2).

Danach, während der vierzig Jahre des Volkes in den Wüsten der Sinai Halbinsel und Kanaans, bis zur Zeit der israelitischen Könige, finden wir

---

[5] Auch dieser Pharao wird in seinem Wesen und Charakter zu einem Typus auf Satan: er widersteht Gott, hält Menschen als seine Sklaven und offenbart sich als Lügner, der sich mit Gott messen will (2.Mo 5,2. Vgl. Hes 29,3.9) Das damalige Weltreich Ägypten zeigt sich unter ihm als ein Bild der gottlosen Welt.

[6] Singen = *šîr*: 88-mal in Verbindung mit Lobpreis bei Siegen, der Weitergabe von Wahrheiten, durch Erinnerung.
Gesang = *zimrāṯ*: 3-Mal und immer in Verbindung mit Befreiung (Ps 118,14; Jes 12,2).

[7] Reigen = *meḥōlâ*: festlicher, meist kreisförmiger Tanz bei intensiven Gefühlen (auch im Götzendienst).

in der Bibel keinen Hinweis mehr auf Musik, auch nicht zum Lobpreis Gottes. Bei den Instrumenten, die die Bibel bis zu dieser Zeit erwähnt, handelte es sich um die zwei silbernen Trompeten[8] (4. Mo 10,1-10) und um Posaunen[9] (2. Mo 19,16), zum Zusammenrufen des Volkes oder bei Alarm und Krieg.

Als Saul vom Stamm Benjamin durch Samuel, den Propheten, zum König über Israel gesalbt war, eröffnet die Schrift, dass in Israel verschiedene Musikinstrument gespielt wurden:

1. Samuel 10,1.5
Und Samuel nahm die Ölflasche und goss sie aus auf sein (Sauls) Haupt, und er küsste ihn und sprach: Ist es nicht so, dass der HERR dich zum Fürsten[10] über sein Erbteil gesalbt hat? ...
Danach wirst du zu dem Hügel Gottes kommen, wo Aufstellungen der Philister sind; und es wird geschehen, sowie du dort in die Stadt kommst, wirst du einer Schar Propheten begegnen, die von der Höhe herabkommen, und vor ihnen her Harfe und Tamburin und Flöte und Laute, und sie werden weissagen.

Erst David, der Mann den Gott zum König über Israel wählte, weil er nach Seinem Herzen war, führte die Musik zur Ehre Gottes offiziell ein. Er verstand es die Musik zu heiltherapeutischen Zwecken einzusetzen (1. Sam 16,14-23; 18,10). Er war Sänger, Spieler und Komponist, er war „der Liebliche in den Gesängen Israels" (2. Sam 23,1). Er setzte die Tempelmusik ein, organisierte sie und erfand eine Vielzahl von Musikinstrumenten (1. Chr 23,5; 2. Chr 29,26; Amos 6,5).

Auf Musikinstrumente im NT, zur Zeit der Versammlung Gottes (ekklesia) bis zu ihrer Entrückung, finden wir keinerlei Hinweise. Wir finden aber zehn Stellen, die sich mit dem Thema Musik befassen; jede einzelne davon spricht vom Singen bzw. vom Musizieren.

1. Das Werk des Herrn Jesus zur Verherrlichung Gottes und zur Erlösung und Errettung von Verlorenen und Sündern, begann mit einem Loblied – von Instrumenten lesen wir nichts: Und als sie ein Loblied ge-

---

[8] *Chätsôtserâh*, 29 Vorkommnisse.
[9] *Shôphâr*, ausgehöhltes Horn eines kosheren Tieres, meist ein Widder. 72 Vorkommnisse.
[10] *nâgîyd* = bezeichnet jemanden, der von Gott öffentlich eingesetzt wird, um zu regieren, zu befehligen oder zu beaufsichtigen.

sungen hatten, gingen sie hinaus an den Ölberg (Mt. 26,30; Mk. 14,26). Und mit Blick auf dasselbe Werk wird der prophetische Psalm 22 in das neue Zeitalter der Gnade herübergenommen: indem er spricht: Ich will deinen Namen meinen Brüdern kundtun; inmitten der Versammlung will ich dir lobsingen (V. 23; Heb 2,12).

2. Aus Apostelgeschichte 16,25 lernen wir, dass Gläubige zu aller Zeit und in jeder Lage ihrem Gott singen können: Um Mitternacht aber beteten Paulus und Silas und lobsangen Gott; die Gefangenen aber hörten ihnen zu. Herz und Sinn werden von den widrigen Umständen ab- und zum Betrachten der Liebe und Gnade des Herrn hingelenkt. Und die Herrlichkeiten des Herrn Jesus besingen ist zweifelsohne auch ein geeignetes Mittel Ungläubigen vom Heiland zu erzählen. Nur: der geistliche Liedtext, die gute Botschaft, muss klar verständlich sein, das Übrige muss sekundär bleiben.

3. Paulus schreibt, dass der Lobgesang geistlich und dass er verständlich sein soll. Er schreibt: Was ist es nun? ... ich will lobsingen mit dem Geist, ich will aber auch lobsingen mit dem Verstand (1. Kor 14,15). Der Lobgesang muss für jedermann verständlich und sein Text in Übereinstimmung mit dem Wort Gottes sein und vor allem das Herz Gottes erfreuen. Wenn solcher Lobgesang, der geistliche Text, auch die Herzen der Gläubigen bewegt – und nicht Melodie und Rhythmus, Harmonie und großes Orchester –, dann stehen sie richtig.

4. Die Stelle in Epheser 5,18b-21: werdet mit dem Geist[11] erfüllt, redend zueinander[12] in Psalmen[13] und Lobliedern[14] und geistlichen Liedern[15], singend[16] und spielend[17] dem Herrn in eurem Herzen, ermuntert jeden einzelnen Gläubigen für sich selbst Gott ein Lob- und Danklied zu

---

[11] *pneûma*: das meint: im Geist erstarken.
[12] *heautou* = zu sich selbst reden.
[13] *psalmós*, das Verb "psállō" bedeutet "die Saiten spielen (od. anschlagen)"; geistliches Lied mit Begleitung eines Instruments, meist der Harfe. (7 Vorkommnisse).
[14] *hýmnos* = festgelegte Liedtexte, ausschließlich zum Lobpreis Gottes (2 Vorkommnisse).
[15] *ōdḗ* = meint sponatane Liedtexte die den Charakter von Gebeten haben.
[16] *ádō* bedeutet jemandem zum Lob singen" (5 Vorkommnisse).
[17] *psállō* = ein Instrument berühren, Melodie machen. Auch, innerlich berührt werden, innerlich berührt sein, wie die Saiten eines Instruments durch leichtes anschlagen vibrieren; das Lob Gottes feiern. Es sollen geistliche Regungen aus dem Herzen aufsteigen. Im Herzen musizieren heißt mit einer aufrichtigen Gesinnung zur Ehre Gottes (5 Vorkommnisse).

singen. Inhalt dieses Liedes soll nüchtern und ehrfurchtsvoll die Liebe und Gnade Gottes sein.

Die Parallelstelle in Kolosser 3,16: Lasst das Wort[18] des Christus reichlich in euch wohnen[19], indem ihr in aller Weisheit euch gegenseitig lehrt[20] und ermahnt[21] mit Psalmen, Lobliedern und geistlichen Liedern, Gott singend in euren Herzen in Gnade[22], ermuntert uns, dass das ganze Wort im Herzen nicht nur verwahrt und bewegt werden soll, es soll ausgelebt werden, zum Wohl der Glaubensgeschwister.

5. In Römer 15,9 zitiert Paulus Psalm 18,50 mit den Worten: Darum werde ich dich bekennen unter den Nationen und deinem Namen lobsingen (*psállō*). Damit ist deutlich, dass Lobgesang zur Ehre Gottes keine Frage von Instrumenten ist, wie es im AT gebräuchlich war.

6. Auf der Grundlage des Sühnungswerkes Christi können Gläubige nun durch ihn Gott stets ein Opfer des Lobes[23] darbringen, das ist die Frucht der Lippen, die seinen Namen bekennen (Heb. 13,15).

7. Ist jemand guten Mutes? Er singe Psalmen (*psállō*) (Jak 5,13).

Gott fordert die Wahrhaftigkeit des Herzen. Das Wissen um Seine Heiligkeit bewirkt Ehrfurcht, das Wissen um Seine ewige Liebe bewirkt Erwiderung der Liebe, Dankbarkeit, Gehorsam und Demut und die Erfahrungen mit Seiner Gnade stimmt uns sanft, langmütig und geduldig gegenüber unserem Nächsten. Diese Elemente haben ihren Platz in der

---

[18] *lógos* bezeichnet Sprache, Rede, Beweis, Lehrsatz, Lehre, Sinn und Vernunft, schöpferischer, offenbarender Gedanke; wahrhaftig, überzeugend, *logos* ist in sich nie widersprüchlich.

[19] *enoikéō* = zusammenleben, sich in einem Zustand aufhalten; bezeichnet einen festen Wohnort der Ruhe, in dem man Wohnen u. Einfluss nehmen kann.

[20] *didáskō* wörtl.: „Ursache zu lernen"; „zu lehren, unterrichten, unterweisen, anweisen", Wissen vermitteln. Bezieht sich fast ausschließlich auf die Vermittlung der Heiligen Schrift.

[21] *nouthetéō* = sanft ermahnen, durch Unterweisung zur Vernunft bringen.

[22] *cháris*: Anmut, Wohlwollen, Gunst, Dank; insbesondere der göttliche Einfluss auf das Herz und seine Widerspiegelung im Leben; einschließlich Dankbarkeit. Es hat zu tun mit Anmut der Rede. Leitet sich ab von *chaírō* = Freude, sich freuen, fröhlich sein. Es bedeutet die Haltung eines Menschen der erfreut, der Wohlwollen zeigt und guttut, weil er in unmittelbarer Beziehung zu Gott steht.

[23] *aínesis*: das Wort kommt nur einmal vor und richtet sich an ntl. Gläubige, die in Versuchung geraten, zu Tempelritualen zurückzukehren. Seine Ableitung bedeutet: Gott ehren mit Loblieder singen.

Anbetung und finden sich in allen Liedern wieder, die Gott allein die Ehre geben.

Zum Thema „Musik" in den Versammlungen (Gemeinden) zu den Zeiten, wenn sich Gläubige allein zum Namen des Herrn Jesus hin versammeln, das sind: die Lehre der Apostel und die Gemeinschaft, im Brechen des Brotes und in den Gebeten, (Mt 18,20; Apg 2,42) schreibt Benedikt Peters[24] in einem Artikel:

»Besser einige unbeholfene Worte des Dankes stammeln, wenn sie aus einem aufrichtigen Herzen kommen, als mit einem fetten Herzen dröhnende Choräle singen ... Alles was nicht aus Glauben geschieht ist Sünde, auch der Gesang der schönsten Anbetungslieder.« Und weiter schreibt er: »Neutestamentliche Anbetung hängt in keiner Weise am Gebrauch von Musikinstrumenten. Sie hängt nicht an äußerlichen Dingen wie Ort und Form. Das ist alttestamentlich. Die Juden mussten in Jerusalem anbeten; ihnen wurde der Gebrauch von Zimbeln und Posaunen für den Tempeldienst aufgetragen. Wo fände sich im Neuen Testament eine ähnliche Anweisung? Wenn wir keine Instrumente haben oder nicht so musikalisch sind, braucht deswegen die Anbetung nicht im Geringsten zu leiden. Lieben und fürchten wir hingegen Gott nicht, ist die Anbetung gestorben. Musik kann dann diesen erschütternden Sachverhalt nur noch zudecken. Können wir das im Ernst wollen? ... Mit dem Kommen des Herrn änderte sich alles, auch die Anbetung. Vor Seinem Kommen war die Anbetung eine Sache des richtigen Ortes, der richtigen Zeit und der richtigen Ordnungen. Man musste in Jerusalem anbeten und dabei die rechten Gebetszeiten einhalten, und dazu mussten die Priester ganz bestimmte Gewänder tragen und die vorgeschriebenen Instrumente spielen. Seit der Sohn Gottes gekommen ist und Sein Heilswerk vollbracht hat, gilt: Gott ist Geist, und die ihn anbeten, müssen in Geist und Wahrheit anbeten (Joh 4,24).

Die Anbetung soll Gott ehren,
nicht den Anbeter beglücken.

Es ist eine der schlimmsten Verwirrungen, die es überhaupt geben kann, wenn ausgerechnet die Anbetung zu einem Anlass degradiert

---

[24] Benedikt Peters, ein Hebraist und Gräzist, ev. Theologe, Dozent und Autor.

wird, bei dem der Christ seine frommen oder erhabenen, auf alle Fälle beglückenden Gefühle zelebriert.«[25]

Und C.H. Spurgeon[26], der bekannte Erweckungsprediger schreibt: »In unseren Tagen, da Jesus uns zum geistlichen Mannesalter führt, bedürfen wir der Saiten und Pfeifen nicht, um dem Herrn zu singen und zu spielen. Wir halten nicht dafür, dass diese Dinge dem Gottesdienst förderlich seien, da wir besorgen, sie möchten die edle Einfachheit und Einfalt schädigen; aber wir behaupten keineswegs, dass sie unerlaubt seien, und wenn ein Luther oder ein Bach oder ein Händel den Herrn mit Hilfe der wohlgestimmten Laute oder Orgel besser preisen können, wer will ihnen ihr gutes Recht bestreiten? Wir bedürfen der Musik im Gottesdienst nicht, sie würde uns im Preis des Herrn eher hindern als fördern; aber wenn andere in diesem Stück anders gesinnt sind, leben sie nicht in der evangelischen Freiheit? Lobsinget (spielt) ihm auf dem Psalter von zehn Saiten. Dem HERRN gebührt volltönendes Lob, denn alle Töne sind sein und die ganze Tonkunst gehört ihm zu. Singet. Das ist die beste, lieblichste Musik. Kein Instrument ist der menschlichen Stimme ebenbürtig. Nur zur Unterstützung des Gesangs dürfen Instrumente geduldet werden, denn sie preisen den HERRN nicht. – Singet ihm ein neues Lied. Alle Lobgesänge sollten *Ihm* geweiht sein. Singen um des Singens willen ist im Haus Gottes nichts wert; ... Er verdient das Beste was wir nur bringen können. ... Man sollte es unserem Gottesdienst anmerken, dass er von Herzen kommt.

Wenn sich meine Seele still in Gott versenkt, so ist sie doch schließlich das allerbeste Instrument, und die lieblichen Klänge der Harfe dienen nur dazu, mein Nachsinnen zu fördern. ... Jedoch ist die Befürchtung nicht ohne Grund, dass sich viele Menschen durch die Aufmerksamkeit, welchen sie den Äußerlichkeiten der Musik, wie Schlüssel und Saiten, Takt und Zeichen zuwenden, von der geistlichen Harmonie abbringen lassen, die doch die Hauptsache, die Seele des Lobpreises ist. Schöne Musik ohne Andacht ist wie ein Prachtgewand über einem Leichnam.«[27]

---

[25] Perspektive 05/2014, S.18-20 (Auszüge aus: Lasset uns anbeten, Daniel-Verlag).
[26] Charles Haddon Spurgeon (* 19.06.1834 - † 31.01.1892), englischer Baptistenpastor.
[27] Aus: Die Schatzkammer Davids, zu Ps. 33 u. Ps 92.

Richter 5,1.3
Und Debora und Barak sangen und sprachen:
Ich will, ja, ich will dem HERRN singen, will singen und spielen dem HERRN, dem Gott Israels!

- singen, heb. *shîyr*: Gesang und Bewegung.
- spielen, heb. *zâmar*: die Saiten oder Teile eines Musikinstruments berühren, mit dem Finger anschlagen, begleitet von einer Stimme für den HERRN (Loblied) und feiern vor dem HERRN.

Epheser 5,19
Redend zueinander in Psalmen und Lobliedern und geistlichen Liedern, singend und spielend dem Herrn in eurem Herzen

- singen, griech. *adō*: mündlich, melodischer Lobpreis für Gott.
- spielen, griech. *psállō*: Loblied, singen, aus dem Herzen aufsteigend; musizieren, begleitet mit einem Musikinstrument.

Die in der Bibel erwähnten Musikinstrumente und ihre Bedeutung.

DER KINNOR

Foto: etsy.com/de

Der hebräische כִּנּוֹר (transkribiert: *kinnôr*) hat 42 Vorkommnisse und wird mit Laute, Harfe oder Leier übersetzt. Der Name leitet sich ab von einem Wort, das „schnarren" oder „zupfen" bedeutet.

Erstmals wird der *Kinnôr* in 1. Mose 4 erwähnt. Er gilt als das älteste in der Bibel erwähnte Musikinstrument. Aufgrund von vorchristlichen Reliefs und alten rabbinischen Beschreibungen scheint es sich um ein kleines, tragbares Holzgestell gehandelt zu haben, mit einer Höhe von etwa 50-60 cm. Der Resonanzkörper ist ein Hohlkörper aus Holz von dem 2 asymmetrisch gebogene Arme abgehen; die werden mit einem Querholz verbunden. Von diesem wurden meist 10 dünne Darmsaiten zum Schallkörper geführt. Das Musikinstrument wurde mit den Fingern gespielt, was einen leichten, sanften und beruhigenden Ton erzeugte; wurde er mit einem Plektrum gespielt, war der Ton präsenter, lauter.

Von David, dem von Gott erwählten und designierten König lesen wir, dass er den *Kinnôr* mit der Hand spielte (1.Sam 16,16.23; 18,10; 19,9). Nach 2. Samuel 6,5 scheint es, dass er als herrschender König dieses Instrument aus Zypressenholz gebaut hat. Sein Sohn Salomo ließ den *Kinnôr* aus Sandelholz bauen[28] (1.Kö 10,12; 2.Chr 9,11).

Der Name „*Kinnôr*" findet sich auch in der hebräischen Bezeichnung „Jam Kinnerot" wieder, das heißt „Meer Kinnerots"[29] oder „Harfenmeer". Die Bezeichnung „*kinnᵉrôṯ*" leitet sich von „*Kinnôr*" ab, weil die Umrisse des Sees einer Harfe ähneln. Das Griechische sagt Genezareth.

Der *Kinnôr* wird mit der griechischen *Kithára* gleichgesetzt.

---

[28] Nach dem jüd.-röm. Historiker Flavius Josephus soll der im Tempel gespielte *Kinnôr* aus Elektron, einer mineralischen Legierung aus Gold und Silber, gemacht worden sein.
[29] Kinneroth bezeichnet ein Süßwassergebiet, die fruchtbare Ebene, die Stadt und die Siedlungen an seinem nordwestlichen Ufer.

Die 42 Vorkommen von *Kinnôr* im AT:

1. Mo 4,21	1 x Einführung
Hiob 21,12	1 x Gottlose feiern
1. Mo 31,27	1 x Gottlose feiern
Hiob 30,31	1 x Traurigkeit, Erziehung
1 Sam 10,5; 16,16.23	<u>3</u> x Beruhigung
2 Sam 6,5	<u>1</u> x Freude vor Gott
1 Chr 13,8	<u>1</u> x Freude vor Gott
1 Chr 15,16.21.28; 16,5; 25,1.3.6	<u>7</u> x Freude vor Gott
1 Kö 10,12	<u>1</u> x Salomo baut sie
2 Chr 9,11	<u>1</u> x Salomo baut sie
2 Chr 5,12; 20,28; 29,25	<u>3</u> x Gott Ehre geben
Neh 12,27	<u>1</u> x Gott Ehre geben
Ps 33,2; 43,4; 49,5; 57,9; 71,22; 81,3; 92,4; 98,5 (2 x); 108,3; 147,7; 149,3; 150,3	<u>13</u> x Gott Ehre geben
Jes 5,12; 16,11; 23,16; 24,8; 30,32	*5* x Sünde, Gericht
Hes 26,13	*1* x Sünde, Gericht
Ps 137,2	*1* x Gericht, Traurigkeit

1. Chronika 15,14-24

Da heiligten sich die Priester und die Leviten, um die Lade des HERRN, des Gottes Israels, hinaufzubringen. Und die Söhne der Leviten trugen die Lade Gottes auf ihren Schultern, indem sie die Stangen auf sich legten, so wie Mose geboten hatte nach dem Wort des HERRN. Und David befahl den Obersten der Leviten, ihre Brüder, die Sänger, mit Musikinstrumenten, Harfen und Lauten und Zimbeln zu bestellen, damit sie laut spielten, indem sie die Stimme erhöben mit Freude. Und die Leviten bestellten ... die Sänger Heman, Asaph und Ethan mit kupfernen Zimbeln (*metsêleth*), um laut zu spielen; und Sekarja und Asiel und Schemiramot und Jechiel und Unni und Eliab und Maaseja und Benaja mit Harfen (*nêbel*) auf Alamoth; und Mattitja und Elipheleh und Mikneja und Obed-Edom und Jeghiel und Asasja mit Lauten (*kinnôr*) auf Scheminith: um den Gesang zu leiten. ... Und Schebanja und Josaphat und Nethaneel und Amasai und Sekarja und Benaja und Elieser, die Priester, schmetterten mit den Trompeten (*chãtsôtserâh*) vor der Lade Gottes her.

DIE KITHARA

Die κιθάρα (transkribiert: *kithára*) ist ein antikes griechisches Zupfinstrument, das gerne mit der deutlich älteren Kinnor verglichen bzw. gleichgesetzt wird. Sie entwickelte sich im 8.-7. Jh. v.Chr. und galt als eines der vornehmsten Instrumente.

Der Resonanzkörper der *Kithára* war aus Holz gefertigt, vorne flach, hinten gewölbt und unten schloss er gerade ab. Zwei aus ihm ragende Arme waren an ihrem Ende mit einem Joch verbunden, das als Saitenspanner diente. Von dort verliefen 5-12 Saiten über den Klangkörper zum Saitenhalter am unteren Ende des Instrumentes. Der Musikant war der *Kitharōidós*[30], der sog. Harfensänger. Er hielt die *Kithára* senkrecht vor sich und spielte üblicherweise mit der rechten Hand und einem Plektrum; die linke dämpfte die Saiten und gab ihnen durch Verkürzen höhere Grundschwingungen.

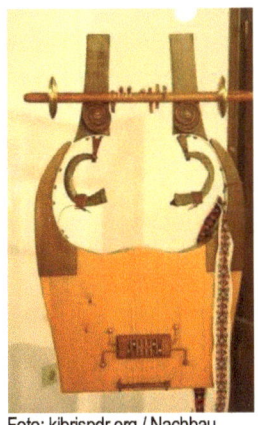
Foto: kibrispdr.org / Nachbau

Das Instrument *Kithára* wird im NT 4-mal genannt[31]

1. Kor 14,7   1 x ein Beispiel
Off 5,8; 14,2; 15,2   3 x Christus Ehre geben

Von insgesamt 46 Vorkommnissen dieser beiden gleichgestellten Instrumente stehen 34 in Verbindung mit „Gott Ehre geben" – und das ist

---

[30] professioneller Saitenspieler und Sänger: Off 14,2; 18,22.
[31] Geharft bzw. spielen = „*kitharizō*": 1. Kor 14,7; Off 14,2.

nur möglich unter der Leitung des Geistes Gottes – und 7 in Verbindung mit göttlichem Gericht.

In Seiner Menschenliebe hatte Gott den Nachkommen des gottlosen Brudermörders Kain die Musik zur Besinnung gegeben, sie sollten zur Ruhe kommen, nachdenken und sich an der Gabe Gottes erfreuen. Mit Lob und Dank hätte der Mensch in Erwiderung dieser Liebe Gott zur Ehre musizieren können. Doch davon lesen wir zunächst nichts, bis David unter der Leitung des Geistes Gottes mit seiner Musik den HERRN ehrt.

Der *Kinnôr* lehrt uns, dass der natürliche Mensch die Gabe Gottes für seine eigenen Interessen und Stimmungen nutzt und den Geber verachtet – und das zieht in der Konsequenz das gerechte Gericht hinterher.

Doch all die in den Geboten des HERRN treu gebliebenen Juden, werden im 1000-jährigen Reich mit Jubel, Lob und Dank mit dem *Kinnôr* ihrem Messias Ehre geben.

Besonders erwähnt werden die Märtyrer, die vorher, in den Jahren der Drangsal, weder durch Drohungen, noch durch Verfolgungen und auch nicht durch einen schrecklichen Tod von ihrer Gottestreue abgewichen sind. Diesen heiligen Überwindern gibt der Herr Jesus, ihr Messias, in Anerkennung ihre Treue selbst Seine Harfe, die *Kithára*, zu Seinem Lobpreis und zu Seiner Anbetung.

Offenbarung 15,2-4
Und ich sah ... die Überwinder ... stehen, und sie hatten Harfen Gottes. Und sie singen das Lied Moses, des Knechtes Gottes, und das Lied des Lammes und sagen: Groß und wunderbar sind deine Werke, Herr, Gott, Allmächtiger! Gerecht und wahrhaftig deine Wege, o König der Nationen! Wer sollte nicht [dich], Herr, fürchten und deinen Namen verherrlichen? Denn du allein bist heilig; denn alle Nationen werden kommen und vor dir anbeten, denn deine gerechten Taten sind offenbar geworden.

Die Botschaft von *Kinnôr* und *Kithára* ist durchgängig dieselbe:

Jesaja 42,8; 48,11
Ich bin der HERR, das ist mein Name; und meine Ehre gebe ich keinem anderen, noch meinen Ruhm

Um meinetwillen, um meinetwillen will ich es tun; denn wie würde mein Name entweiht werden! Und meine Ehre gebe ich keinem anderen.

Maleachi 2,2
Wenn ihr nicht hört und wenn ihr es nicht zu Herzen nehmt, meinem Namen Ehre zu geben, spricht der HERR der Heerscharen, so werde ich den Fluch unter euch senden, und eure Segnungen verfluchen; ja, ich habe sie auch verflucht, weil ihr es nicht zu Herzen nehmt.

Es geht allein um die Ehre Gottes, des HERRN, des Messias Israels.

DER ʿÛGĀB

Der hebräische עוּגָב (transkribiert: ʿûgāḇ) hat 4 Vorkommnisse und wird mit Pfeife oder Flöte übersetzt[32].

Als die Septuaginta übersetzt wurde, war der althebräische Begriff „ʿûgāḇ" nicht mehr bekannt; einiges spricht aber dafür, dass es sich um eine einfache Längsflöte aus Schilfrohr handelte.

Foto: womeninthebible.net/bible-archaeology/ancient_musical_instruments

Die 4 Vorkommen von ʿûgāḇ:

1. Mo 4,21	1 x Einführung
Hiob 21,12	1 x Gottlose feiern
Hiob 30,31	1 x Traurigkeit, Erziehung
Ps 150,4	1 x Gott Ehre geben

---

[32] Die Übersetzungen mit Schalmei, Organ oder Orgel waren Sammelbegriffe für einfache historische Blasinstrumente (Panflöte nur eine lose Vermutung). Der scheinbare Anachronismus kommt von Übersetzungsentscheidungen, der semantischen Bandbreite alter Wörter und der Praxis, bekannte Instrumentennamen für alte oder unbekannte zu verwenden.

Die Bedeutung von ʿûḡāḇ ist „Atmung, schnell atmen".

Etymologisch leitet sich der Name von „ʿāḡaḇ" ab, das in der Bibel 7-mal benutzt wird, und zwar in zwei widergöttlichen Beschreibungen des Zustandes von Gottes Volk.

„ʿĀḡaḇ" beschreibt das Entweichen von Luft, wörtl. „die Luft sprengen". Es meint das Atmen während bzw. nach einer obskuren übermäßigen Liebe, schändliche Lust haben, töricht, dumm, abgöttisch lieben, begehren, entbrennen.

Jeremia 4,19.22.27.30
Meine Eingeweide, meine Eingeweide! Mir ist angst! Die Wände meines Herzens! Es tobt in mir mein Herz! Ich kann nicht schweigen!
Denn mein Volk ist närrisch, mich kennen sie nicht; törichte Kinder sind sie und unverständig. Weise sind sie, Böses zu tun;
Denn so spricht der HERR: Das ganze Land soll eine Wüste werden; doch will ich es nicht gänzlich zerstören.
Und du, Verwüstete, was wirst du tun? Wenn du dich auch in Karmesin kleidest, wenn du mit goldenem Geschmeide dich schmückst, wenn du deine Augen mit Schminke aufreißt: Vergeblich machst du dich schön; die Buhlen (ʿāḡaḇ) verschmähen dich, sie trachten nach deinem Leben.

Hesekiel 23,5-20
Und Ohola hurte, als sie unter mir war. Und sie entbrannte (ʿāḡaḇ) gegen ihre Buhlen (ʿāhaḇ, Liebhaber), gegen die Assyrer, die nahe waren, gekleidet in Purpurblau, Statthalter und Vorsteher, allesamt anmutige Jünglinge, Reiter, auf Pferden reitend. Und sie richtete ihre Hurereien auf sie, die Auswahl der Söhne Assurs insgesamt; und mit allen, gegen die sie entbrannte (ʿāḡaḇ), mit allen deren Götzen verunreinigte sie sich. Und auch ihre Hurereien von Ägypten her ließ sie nicht; denn sie hatten bei ihr gelegen in ihrer Jugend und hatten ihren jungfräulichen Busen betastet und ihre Hurerei über sie ausgegossen. Darum habe ich sie in die Hand ihrer Buhlen gegeben, in die Hand der Söhne Assurs, gegen die sie entbrannt (ʿāḡaḇ) war. Sie deckten ihre

Blöße auf, nahmen ihre Söhne und ihre Töchter weg, und sie selbst töteten sie mit dem Schwert; und so wurde sie berüchtigt unter den Frauen, und man übte Gerichte an ihr.
Und ihre Schwester Oholiba sah es, und sie trieb ihre Lüsternheit ärger als sie, und ihre Hurereien weiter als die Hurereien ihrer Schwester. Sie entbrannte ('āgab) gegen die Söhne Assurs, Statthalter und Vorsteher, die nahe waren, prächtig gekleidet, Reiter, auf Pferden reitend, allesamt anmutige Jünglinge. Und ich sah, dass sie sich verunreinigt hatte: einerlei Weg hatten beide. Aber sie trieb ihre Hurereien noch weiter; denn sie sah Männer, an die Wand gezeichnet, Bilder von Chaldäern, mit Zinnober gezeichnet, mit Gürteln an ihren Hüften gegürtet, überhängende Mützen auf ihren Häuptern, von Aussehen Ritter insgesamt, ähnlich den Söhnen Babels in Chaldäa, ihrem Geburtsland; und sie entbrannte ('āgab) gegen sie, als ihre Augen sie sahen, und sie sandte Boten zu ihnen nach Chaldäa. Und die Söhne Babels kamen zu ihr zum Liebeslager und verunreinigten sie durch ihre Hurerei. Und als sie sich an ihnen verunreinigt hatte, riss sich ihre Seele von ihnen los. Und als sie ihre Hurereien aufdeckte und ihre Blöße aufdeckte, da riss sich meine Seele von ihr los, so wie meine Seele sich von ihrer Schwester losgerissen hatte. Und sie mehrte ihre Hurereien, indem sie der Tage ihrer Jugend gedachte, als sie im Land Ägypten hurte. Und sie entbrannte ('āgab) gegen dessen Buhlen, deren Fleisch wie das Fleisch der Esel und deren Erguss wie der Erguss der Pferde ist. Und du schautest dich um nach der Schandtat deiner Jugend, als die von Ägypten deinen Busen betasteten um deiner jugendlichen Brüste willen.

Der 'Ūgāb erinnert daran, dass profanes menschliches Feiern in fröhlicher Verzweiflung immer Traurigkeit nach sich zieht. Und wer von einem liebenden, gnädigen und reichlich segnenden Gott weiß, das aber hartnäckig und böse verachtet, endet in einem Wahnsinn bodenloser Unmoral und schamloser Sünden.
Doch unser guter Gott weiß immer einen Überrest aus der gegenwärtigen bösen Welt heraus zu erretten.

Psalm 150
(Lobt den HERRN!)
Lobt Gott in seinem Heiligtum;
Lobt ihn mit ... *Kinnôr* und *'Ûḡāḇ*!
Alles, was Odem hat, lobe Jah! Lobt den HERRN!

Es ist beachtenswert, dass die *'Ûḡāḇ* immer zusammen mit dem *Kinnôr* erwähnt wird:
Bei aller Gottlosigkeit Israels und Judas hat sich der HERR einen Überrest nach Seiner Wahl der Gnade übrigbleiben lassen, die bis in die Zeit des 1000-jährign Reiches Gotteslob anstimmen.

DER ASOR

Der hebräische עשׂור (transkribiert: *'āśôr*) war ein im AT 3-mal erwähntes zehnsaitiges Musikinstrument mit einer Gesamtgröße vielleicht 90 cm.

Es besteht wenig Einigkeit darüber, um welche Art von Instrument es sich handelte oder mit welchen Instrumenten es Ähnlichkeiten aufwies; es wird vermutet, dass es eine „Winkelharfe" war. Der *'āśôr* soll nach einigen Autoren[33] eine 10-saitige Harfe aus Aššur in Assyrien sein.
Jedes Mal, wenn das Wort „*'āśôr*" verwendet wird, folgt es dem Wort „*nêḇel*" und bezeichnet wahrscheinlich lediglich eine Variante des *Nêḇels* mit zehn Saiten anstelle der üblichen zwölf, so Flavius Josephus.

Das Wort „*'āśôr*" entspricht der Zahl 10. Es leitet sich von „*'eśer*" (Zählung, Anhäufung, das Vielfache von 10) und von „*'āśar*" ab.

Das Wurzelwort „*'āśar*" und das identische „*āšar*" haben als die Zahl 10 die Bedeutung von „Nehmen und Geben" in Verbindung mit „ansammeln, reich werden". Die Gnadengaben des göttlichen Segens werden mit der moralischen Verantwortung verbunden. Das heißt, dass „10" die symbolische Bedeutung hat: Vollständige Verantwortung des Menschen in seinem Tun unter der Beurteilung Gottes.

---

[33] Alfred Sendrey hält das Instrument aber für eine Art Zither mit 10 Saiten, wie auch Curt Sachs.

Fotos: musicircle.net / Mesopotamien, Reliefs: „Asor Assyrien", Winkelharfen vertikal und horizontal gespielt.

Psalm 33

Jubelt, ihr Gerechten, in dem HERRN! Zu den Aufrichtigen passt Lobgesang. Preist den HERRN mit der Laute (nêḇel); singt ihm Psalmen mit der Harfe von zehn (ʾāśôr) Saiten! Singt ihm ein neues Lied; spielt wohl mit Jubelschall!

Denn gerade ist das Wort des HERRN, und all sein Werk in Wahrheit. Er liebt Gerechtigkeit und Recht; die Erde ist voll der Güte des HERRN. ...

Der Ratschluss des HERRN besteht ewiglich, die Gedanken seines Herzens von Geschlecht zu Geschlecht. Glückselig die Nation, deren Gott der HERR ist, das Volk, das er sich erkoren zum Erbteil!

Der HERR blickt von den Himmeln herab, er sieht alle Menschenkinder. Von der Stätte seiner Wohnung schaut er auf alle Bewohner der Erde, er, der ihrer aller Herz bildet, der auf alle ihre Werke achtet.

Ein König wird nicht gerettet durch die Größe seines Heeres; ein Held wird nicht befreit durch die Größe der Kraft. ...

Siehe, das Auge des HERRN ist gerichtet auf die, so ihn fürchten, auf die, die auf seine Güte harren, um ihre Seele vom Tod zu erretten und sie am Leben zu erhalten in Hungersnot.

Unsere Seele wartet auf den HERRN; unsere Hilfe und unser Schild ist er. Denn in ihm wird unser Herz sich freuen, weil wir seinem heiligen Namen vertraut haben.

Deine Güte, HERR, sei über uns, wie wir auf dich geharrt haben.

Psalm 92
(Ein Psalm, ein Lied. Für den Tag des Sabbats.)
Es ist gut, den HERRN zu preisen, und Psalmen zu singen deinem Namen, o Höchster! Am Morgen zu verkünden deine Güte, und deine Treue in den Nächten, zum Zehnsait (*'āśôr*) und zur Harfe (*nêḇel*), zum Saitenspiel mit der Laute (*kinnôr*).
Denn du hast mich erfreut, HERR, durch dein Tun; über die Werke deiner Hände will ich jubeln. Wie groß sind deine Werke, HERR! Sehr tief sind deine Gedanken. ...
Der Gerechte wird sprossen wie der Palmbaum, wie eine Zeder auf dem Libanon wird er emporwachsen. Die gepflanzt sind in dem Haus des HERRN, werden blühen in den Vorhöfen unseres Gottes. Noch im Greisenalter treiben sie, sind saftvoll und grün, um zu verkünden, dass der HERR gerecht ist. Er ist mein Fels, und kein Unrecht ist in ihm.

Psalm 144
(Von David.)
Gepriesen sei der HERR, mein Fels, der meine Hände unterweist zum Kampf, meine Finger zum Krieg: Meine Güte und meine Burg, meine hohe Festung und mein Erretter; mein Schild und der, auf den ich traue, der mir mein Volk unterwirft!
HERR, was ist der Mensch, dass du Kenntnis von ihm nimmst, der Sohn des Menschen, dass du ihn beachtest? Der Mensch gleicht dem Hauch; seine Tage sind wie ein vorübergehender Schatten. ...
Strecke deine Hände aus von der Höhe; reiße mich und errette mich aus großen Wassern, aus der Hand der Söhne der Fremde. ...
Gott! Ein neues Lied will ich dir singen, mit der Harfe (*nêḇel*) von zehn (*'āśôr*) Saiten will ich dir Psalmen singen; dir, der Rettung gibt den Königen, der seinen Knecht David entreißt dem verderblichen Schwert. ... dass unsere Söhne in ihrer Jugend seien gleich hochgezogenen Pflanzen, unsere Töchter gleich behauenen Ecksäulen nach der Bauart eines Palastes; dass unsere Speicher voll seien, spendend von allerlei Art; dass unser Kleinvieh sich tausendfach mehre, zehntausendfach auf unseren Triften; dass unsere Rinder trächtig seien; dass kein Einbruch und kein Ausfall sei und kein Klaggeschrei auf unseren Straßen!

Glückselig das Volk, dem so ist! Glückselig das Volk, dessen Gott der HERR ist!

Diese 3 Psalmen folgen einer geistlichen Linie:

Psalm 33: Der zukünftige Überrest aus Juda blickt zurück auf die Gnade der Vergebung all ihrer Sünden und Schuld (Ps 32). Die Worte und Werke des HERRN haben sich erfüllt, das Vertrauen der Aufrichtigen wurde nicht enttäuscht. Und sie schauen voraus, dass Er allezeit die Gerechten erretten wird (Ps 34). Und so ist dieser Psalm ein Lobgesang der Glaubensgewissheit mit dem Jubelschall der Freude. Wer Gottes Geradheit, Seine Treue und Machtfülle hat erleben dürfen, will nur noch Ihn preisen. Und aus der Fülle des Herzens, mit einem neuen Lied der offenbarten Gnaden, erfreuen sie sich allein in Ihm.

Psalm 92: Die Gerechten sind im Haus des HERRN zur Ruhe gekommen. Staunend gedenken sie jubelnd zur Zehnsait der Werke des HERRN. Rückblickend erkennen sie Gottes Gerechtigkeit in Seinen Gerichten.

Psalm 144: Jetzt ist der Lobpreis ganz persönlich: „mein Fels; meine Güte, meine Burg; meine Zuflucht, mein Retter, mein Schild. Ich will dir ein neues Lied singen, mit der Harfe von zehn Saiten will ich dir Psalmen singen.

„Glückselig", damit endet dieser Psalm und die Bedeutung des 'āśôr.

Glückselig ist jeder einzelne Gläubige und somit das Volk Gottes, die den von Gott geschenkten Zustand der vollendeten Erlösung genießen, die in Treue gegenüber Seinem Wort leben.

Dieses Wissen, „Der HERR ist *mein* Gott", schenkt einen beständigen Zustand des Wohlbefindens, tiefer, anhaltender Freude, innerer Zufriedenheit und Ruhe und Frieden, der sich im Wesen und den Verheißungen Gottes gründet.

DER NEBEL

Das hebräische Wort נֵבֶל (transkribiert: *nêḇel*) wird mit „Harfe, Laute, Schlauch, Krug" übersetzt. Es hat 38 Vorkommnisse. Als Instrument finden wir den *Nêḇel* 27-mal in der Bibel.

Die Wortwurzel ist „*nāḇēl*", das heißt „erschlaffen, hinsinken, zerfallen, verwelken". Es beschreibt einen wohl größeren Lederbeutel für Wein, der in sich zusammenfällt, wenn er geleert wird.

Der *Nêḇel* war das wohl größte hebräische Saiteninstrument. Er wog geschätzte 9 kg und war somit schwerer als der Kinnor und der Asor.

Kleines Jaspissiegel (ca. 7. Jh v.Chr.) das wohl den biblischen zwölfsaitigen Nebel illustriert.

Der Nebel auf Bar-Kochba-Münze

Fotos: ancientlyre.com/the-biblical-nevel (M. Levy)

Sein praller Resonanzkörper am unteren Ende, aus Holz geschnitzt und hohl, war bauchig, an den Enden hochgezogen und erinnerte der

Form nach an früher übliche Schläuche bzw. Bälge[34] zum Transport von Flüssigkeiten.
Von oben hatte der Grundkörper eine ovale Öffnung, an den hochgezogenen Enden wurden z.b. große Tierhörner[35] eingesetzt. Im oberen Bereich, zwischen den Hörnern befestigte man ein Querholz an der die Saiten gespannt und mit dem Resonanzkörper verbunden wurden. Laut Flavius Josephus hatte sie 12 Saiten und wurde mit den Fingern gezupft. Gemäß der Mischna sollen die Saiten aus dicken Schafsdärmen gewesen sein. Aufgrund des großen Hohlkörpers wurde mit ihr auch ein tieferer und kraftvoller Bordunton erzeugt.

Es wurden verschiedene Möglichkeiten vorgeschlagen, um welche Art von Instrument es sich bei der *Nêḇel* handelte; die meisten Gelehrten gehen jedoch davon aus, dass es eine Rahmenharfe war, ein Zupfinstrument, dessen Saiten vom Resonanzkörper nach oben verlaufen[36].

1. Samuel 10,3.5
Und gehst du (Saul) von dort weiter und kommst zur Terebinthe Tabor, so werden dich dort drei Männer treffen, die zu Gott nach Bethel hinaufgehen; ... und einer trägt einen Schlauch (*nêḇel*) Wein. ... Danach wirst du zum Hügel Gottes kommen, wo Aufstellungen der Philister sind; und es wird geschehen, sowie du dort in die Stadt kommst, wirst du einer Schar Propheten begegnen, die von der Höhe herabkommen, und vor ihnen her Harfe (*nêḇel*) und Tamburin und Flöte und Laute (*kinnôr*), und sie werden weissagen.

Es ist die erste Erwähnung der *Nêḇel*, und sie wird als erstes von vier Instrumenten genannt. Es war sicher mühsam, das große, schwere Instrument auf unbefestigtem Weg in der Hitze des Tages, einen Hügel hinauf und hinunter zu tragen. Und es war nicht ganz ungefährlich öffentlich mit Gotteslob aufzutreten, denn die götzendienerischen und

---

[34] Schaf- oder Ziegenbälge wurden am Hals und an den Beinen zugeschnürt. Die Trinkblase war für Wein (1.Sam 1,24), Wasser und Milch, um Butter herzustellen.
[35] Z.B. ungekürzte Antilopenhörner ≈ 75-125 cm.
[36] Musikalisches Lexikon, 1802 und Handwörterbuch Musik, 1807: Heinrich Christoph Koch / Über die Musik der alten Hebräer, 1779: August Friedrich Pfeiffer (Münchner Digitalisierungszentrum). / Musikalisches Conversations-Lexikon 1870-1883 / Nebel / Autor August Reissmann (Hrsg).

kriegerischen Philister[37] waren nie gänzlich aus dem Lande vertrieben worden und befeindeten Israel beständig.

Dieser Feind hielt den „Hügel Gottes" besetzt. Und diese dem HERRN treue Prophetenschar hielt sich gewohnheitsgemäß in der Gegenwart Gottes auf. Sie hatten sich nicht gescheut auf dem Hügel ihrem Gott zu dienen und ihn mit ihren Instrumenten zu loben und zu preisen und waren jetzt auf dem Weg, dem Volk in der Stadt Sein Wort zu verkünden.

Berge symbolisieren oft Macht und Größe, Schutz und Sicherheit, einen Ort der Gemeinschaft mit Gott, sie symbolisieren die Stärke Gottes und Seine Autorität in Israel. Hügel sind nur Erhebungen in einer Landschaft. Mit dem Ausdruck „Hügel Gottes" wird versinnbildlicht, dass in Israel ein deutlicher Mangel an Furcht Gottes und Glaubensgehorsam vorherrschte, und dennoch: obwohl alles so schlimm wie nur irgend möglich aussah gab es doch noch einen Überrest, der dem HERRN anhing! Die Szene zeigt also im Kontext der Geschichte Samuels und Sauls: widrige Umstände von außen, widrige Umstände von innen, Eigenwille und Ungehorsam, fehlende Kraft im Glauben, und das öffentlich vor den Feinden Gottes – doch Gott, der Herr hat sich immer einen Überrest bewahrt der mit Lob und Dank im Glauben erfasst hat: Gott ist mit dir (10,7). Auch wenn im Volk Gottes Untreue und Schwachheiten vorherrschen, Gott, der HERR, ist treu! Auch das Schwache im Glauben segnet Er – die Prophetenschar wurde vom Feind nicht angegriffen.

2. Samuel 6,5
Und David und das ganze Haus Israel spielten vor dem HERRN mit allerlei Instrumenten von Zypressenholz und mit Lauten (*nêḇel*) und mit Harfen (*kinnôr*) und mit Tamburinen und mit Sistren und mit Zimbeln.

1. Chronika 13,8
Und David und ganz Israel spielten vor Gott mit aller Kraft: mit Gesängen und mit Lauten (*kinnôr*) und mit Harfen (*nêḇel*) und mit Tamburinen und mit Zimbeln und mit Trompeten.

---

[37] Die Philister repräsentieren die Überheblichkeit und Aufdringlichkeit des Menschen im Fleisch in Bezug auf das, was Gott gehört (Bibelkommentare.de). Das stellt den Glauben auf die Probe. Keiner der Feinde Israels war so hartnäckig im Bekriegen des Volkes wie sie. Insofern symbolisieren sie das widergöttliche „Ich".

Zunächst war die *Nêḇel* von wenigen in einem glaubensschwachen Volk hin und her getragen worden, und der *Kinnôr* wurde als letztes von vier Instrumenten genannt. Aufgrund seiner 34 Vorkommnisse „Gott die Ehre geben" können wir feststellen, dass *„Kinnôr"* in Verbindung mit der Gabe des Heiligen Geistes steht. Der Geist Gottes konnte nicht wirken wie Er gerne wollte.

Jetzt, bei David, stehen *Kinnôr* und *Nêḇel* bzw. *Nêḇel* und *Kinnôr* das erste Mal als Pärchen direkt nebeneinander, und sie werden als erstes aufgezählt. In der historischen Schilderung (2. Sam) steht *„Nêḇel"* zuerst: Der gläubige König – und wie der Kontext leider zeigt schwach im Glauben – und ebenso sein Volk, wie *sie* sich freuen und wie *sie* feiern. Bei der Schilderung aus der Sichtweise Gottes (1. Chr) steht der *Kinnôr* vorne: Ihm, dem HERRN, muss zuerst und allein alle Ehre gegeben werden.

David war nicht auf seiner Glaubenshöhe: Durch seinen natürlichen Eifer unterdrückte er das Wirken des Geistes Gottes und er wurde gleichförmig der Welt: er ahmte die Philister nach und ließ zudem auch ein heidnisches Instrument mitspielen. Doch Gott kann in Seinem Volk nicht dulden, was Er bei der Welt übersieht.

2. Samuel 6,12-15
Da ging David hin und holte die Lade Gottes ... herauf in die Stadt Davids mit Freuden. ... Und David tanzte[38] mit aller Kraft vor dem HERRN, und David war mit einem leinen Ephod[39] umgürtet. Und David und das ganze Haus Israel brachten die Lade des HERRN hinauf mit Jauchzen ($t^e rû\,'â$) und mit Posaunenschall.

1. Chronika 15,16.28
Und David befahl den Obersten der Leviten, ihre Brüder, die Sänger, mit Musikinstrumenten, Harfen (*nêḇel*) und Lauten (*kinnôr*)

---

[38] *kârar* = „wirbeln, drehen" nur hier und V. 16. Es ist eine bewusste, auf die Anbetung ausgerichtete Handlung des ganzen Menschen vor Gott. Beide Schilderungen unterstreichen die überschwängliche heilige Freude, die nach einer Demütigung und dem Gehorsam gegenüber dem Wort Gottes mit der Wiederherstellung der praktischen Gemeinschaft mit Gott einhergeht.
[39] *'ēpōḏ* = ein Kleidungsstück der Priesterschaft (David war aus Juda, nicht aus Levi); das weist hin auf die zukünftige königliche Priesterschaft Christi, das früher schon Melchisedek repräsentierte (1. Mo 14,18).

und Zimbeln zu bestellen, damit sie laut spielten, indem sie die Stimme erhöben mit Freude. ...
Und ganz Israel brachte die Lade des Bundes des HERRN hinauf mit Jauchzen und mit Posaunenschall und mit Trompeten und mit Zimbeln, laut spielend mit Harfen (*nêbel*) und Lauten (*kinnôr*).

Drei Monate waren vergangen und wir staunen über die Wandlung eines David. Der König und das ganze Volk jubelten und freuten sich, dass der HERR, bildlich dargestellt in der Bundeslade, sich aufgemacht hatte wieder Mittelpunkt in Seinem Volk zu sein an dem Ort, den Er erwählt hatte zu wohnen. Das war Gottes vergebende und zurechtbringende Gnade in David, dem König, der vor Gott Stellvertreter und Repräsentant des Volks war. Die Freude im HERRN steht im Vordergrund, weil Er inmitten Seines Volkes wohnt und alles Seiner Heiligkeit in würdigem Ernst entspricht.

Amos 5,18-27
Wehe denen, die den Tag des HERRN herbeiwünschen! Wozu soll euch der Tag des HERRN sein? ...
Tu den Lärm deiner Lieder von mir weg, und das Spiel deiner Harfen (*Nêbel*) mag ich nicht hören. ...
Ich werde euch jenseits Damaskus wegführen, spricht der HERR, Gott der Heerscharen ist sein Name.

Amos 6,1-7
Wehe den Sorglosen in Zion und den Sicheren auf dem Berg von Samaria, den Vornehmen der ersten der Nationen, zu denen das Haus Israel kommt! ... Ihr, die den Tag des Unglücks hinausschieben und den Thron der Gewalttat nahe rücken; ... die zum Klang der Harfe (*Nêbel*) faseln, sich wie David Musikinstrumente ersinnen; die Wein aus Schalen trinken und mit den besten Ölen sich salben und sich nicht grämen über die Wunde Josephs. Darum werden sie nun weggeführt werden an der Spitze der Weggeführten, und das Gejauchze der träge Hingestreckten wird aufhören.

Der „Tag des HERRN" ist ein Zeitraum, in dem Gott Seine Feinde richten und Sein Reich aufrichten wird. Für Israel wird es eine Zeit der Prüfung, der Läuterung und der Drangsal sein, vor der es kein Entrinnen gibt, bevor sie unter den Segen des Reiches Gottes kommen.

Die 2 Stellen in Amos machen deutlich, dass sowohl Juda (das 2-Stämme Reich, die Sorglosen in Zion) als auch Israel (das 10-Stämme Reich, die Sicheren auf dem Berg von Samaria) das Vorrecht, das Volk Gottes zu sein, missbraucht hatten und missbrauchen. Wenn Gott sie auch mit ewiger Liebe liebt, so muss Seine Heiligkeit, d.h. Seine Gerechtigkeit doch strenge Erziehungswege mit Ihnen gehen. Ihr beständiges, hartherziges, widergöttliches Treiben bringt sie in die Gottesferne und somit für eine Zeit ins Gericht.

Die symbolische Bedeutung der *Nêbel*, ihr anhaltender, tiefer und kraftvoller Bordunton, der hindurchtragende, gottehrende Glaube, war zu einer Farce verkommen. Von *Kinnôr*, durch den Geist Gottes dem HERRN die Ehre geben, lesen wir gar nichts mehr.

Der Prophet des Gerichts macht deutlich: Die Volkssünden ziehen das Volksgericht nach sich.

DER TSELATSAL

Der hebräische צְלָצַל (transkribiert: *tselâtsal*) wird 6-mal genannt und beschreibt ein unaufhörliches Summen oder Surren durch die verursachende Bewegungen, wie z.B. das Geräusch eines fliegenden Heuschreckenschwarms[40] (das schnell aneinanderschlagen der Flügel) oder geschleuderter Speere oder das Abschießen einer Harpune[41] (die im Flug bzw. unter Wasser „flattern"). Mit solch einer Bewegung und Geräuschkulisse wird das Spielen auf vielen *tsᵉlātṣal* (*Tseletselim*, Mz.) verglichen.

Der *Tsᵉlâtsal* wird 3-mal mit Zimbel übersetzt; er war eine Rahmenrassel und eine Variante der *man'an'îm* (Sistrum); vermutlich von David neu interpretiert.

---

[40] 5. Mo 28,42; Jes 18,1
[41] Hiob 40,31

Die *Tselâtselim* waren musikbegleitende Instrumente, die Zeit (von Largo bis Presto) oder Rhythmus markierten. Durch sie wurde die Harmonie der ganzen Musik sichergestellt.

Der Name leitet sich ab von *tsâlal*, das „(in den Ohren) gellen", „beben, zittern (vor Angst)", „(auf der Haut) kribbeln" (bei wahrhaftigem Lobpreis Gottes in Ehrfurcht, anerkennend bewirkt durch den Geist Gottes) bedeutet; es beschreibt eine wellenförmige Bewegung, eine Vibration.

Foto: Jewish Chamber Orchestra Munich gGmbH

»Es handelt sich dabei um eine Rassel mit frei beweglichen bronzenen Blechstücken. Sie sollte nicht mit der Zimbel (hebr. *metsêleth*) verwechselt werden« (Roger Liebi).

2. Samuel 6,5
Und David und das ganze Haus Israel spielten vor dem HERRN mit allerlei Instrumenten von Zypressenholz und mit ... Sistren[42] und Zimbeln.

Psalm 150,1.5
(Lobt den HERRN!)
Lobt ihn mit klingenden Zimbeln; lobt ihn mit schallenden Zimbeln!

In Psalm 150 stehen bei den Zimbeln die Attribute „klingende" (heb. *shêma'*) und „schallende" (heb. *terû'â*).

„*Shêma'* " heißt „Bericht, Nachricht, Gerücht"; es leitet sich ab von *šama'*, das heißt „genau hinhören, klug zuhören, aufmerksam, bedenken, behalten, sorgfältig betrachten, gehorchen", und meint, dem Wort mit Aufmerksamkeit und Interesse zuhören und Beachtung schenken und gehorsam befolgen. Das Hebräische (und auch das Griechische,

---

[42] Der Sistrum (*man'an'îm*) ist eine Rahmenrassel aus Ägypten, die zu kultischen Zwecken zu Ehren der Göttinnen Isis und Hathor und seltener auch der Gottheit Bes benutzt wurde. Das Wort leitet sich ab von „umherirren, -schweifen, emporwanken, taumeln, auf und ab bewegen, instabil".

Rö 10,14-18) unterscheidet also nicht zwischen Hören und Gehorchen: Der Glaube kommt aus dem Hören. Und was gehört wird, formt den Glauben, weckt Emotionen und bewirkt ein Handeln.

„Terû'â" wird mit „Jauchzen, Jubelschrei, schallend, Geschrei, Alarm, Lärm" übersetzt. Dieses Wort leitet sich ab von rûa' „freudig, laut, klug": Einer Explosion gleich „Alarm blasen, Triumph schreien, Freudengeschrei erheben".

Bei der ersten, der profanen Aktion Davids, die Lade Gottes nach Jerusalem zu holen, konnte kein passendes Attribut den Geräuschen der Zimbeln zugesprochen werden. Sie waren ein nützlicher Taktgeber bei einer religiösen Prozession.

Eine offene Frage ist, ob König David diesen Psalm 150 gedichtet hat, und zwar anlässlich der Vorbereitungen zur ersten Heimholung der Bundeslade nach Jerusalem. Denn nur zu diesem Ereignis (2. Sam 6,1-11), in seiner historischen horizontalen Sichtweise, wird dieser Rassel erwähnt und in Psalm 150. In den nachexilisch geschriebenen Büchern, und ihrer vertikalen Sichtweise (1. Chr 13,8), wird der tselātsal nie wieder erwähnt, was den Gesamtumständen Rechnung trägt; Gott will diesen Rassel nicht!

Nach dieser Hypothese erklärt sich dann auch das „große Hallelujah" in Psalm 150 (vermutlich geschrieben vor der ersten Heimholung): Die 13-malige Hâlal-Aufforderung zum Gotteslob[43] wird mit den Tseletselim begleitet, und zwar mit Jubel und Freudengeschrei, nicht allein um Yâhh zu ehren, sondern auch Sein Lob in die Welt hinauszurufen.

Gott will diesen Rassel nicht: er offenbart ein andauerndes Hin und Her, mal rechtsrum, mal linksrum, symbolisiert eine beständige Unentschiedenheit und Unruhe. Das entspricht sehr den Worten des Herrn in

Offenbarung 3,15-16
Ich kenne deine Werke, dass du weder kalt noch warm bist. Ach, dass du kalt oder warm wärest! So, weil du lau bist und weder kalt noch warm, so werde ich dich ausspeien aus meinem Mund.

---

[43] In der Zahlensymbolik weist „13" hin auf die Anbetung, auf das Gotteslob im 1000-jährigen Reich und in Ewigkeit. „Alles, was Odem hat, lobe Yâhh", den starken Gott ('êl).

Die Metseleth

Die hebräische מְצֵלֶת (transkribiert: *metsêleth*) hat 13 Vorkommnisse, es ist ein sog. „duales Wort", es meint immer 2 Zimbeln. Die Wortwurzel ist auch hier *tsâlal*.

Bei Ausgrabungen in Palästina wurden sowohl kleinere (ca. 3-6 cm) als auch größere (ca. 8-12 cm) *Metsiltajim* gefunden. Die kleineren dienten als Fingerbecken.

Die *metsêleth* (Mz. *Metsiltajim*) ist ein duales Rhythmusinstrument. Die zwei tellerförmigen, größeren Becken wurden entweder durch kontinuierliches Aneinanderreiben zum Klingen gebracht oder durch Aneinanderschlagen der Ränder. Ihr Klang war intensiv hell schwirrend bis lang ausschwingend.

Sie werden in den nachexilischen Niederschriften genannt. Diese geben einen Rückblick auf die historischen Ereignisse im Königreich Juda aus der Sicht des HERRN.

Foto: alexanderancientart-com.
Ein Satz von zwei Zimbeln, Ø 5,5 cm, flache, runde Bronzeplatte, gewölbte Mitte, durchbohrt für Haltegriff. Datiert: 1000-586 v.Chr. Sie wurden in einer Felsspalte in Ruinen nahe Jerusalem gefunden.

Metsiltajim treten an die Stelle der *Tseletselim*. In 1. Chronika 13,8 übersieht der HERR diesen Nachbau ägyptischer Sistren. Er „hört" den Rhythmus der *metsêleth*. Das ist Gnade.

> 1. Chronika 15,16.19.28
> Und David befahl den Obersten der Leviten, ihre Brüder, die Sänger, mit Musikinstrumenten, Harfen und Lauten und Zimbeln zu bestellen, damit sie laut spielten, indem sie die Stimme erhöben mit Freude ... und zwar die Sänger Heman, Asaph und Ethan mit kupfernen[44] Zimbeln, um laut zu spielen ...

---

[44] *nechôsheth:* Der hebräische Begriff bezeichnet Kupfer und seine Legierungen Bronze und Messing. Kupfer ist ein Symbol für Gerechtigkeit.

Und ganz Israel brachte die Lade des Bundes des HERRN hinauf mit Jauchzen und mit Posaunenschall und mit Trompeten und mit Zimbeln, laut spielend mit Harfen und Lauten.

Von diesem Augenblick an bis 2. Chronika 29,25 finden wir die *Metsiltajim* noch weitere 7-mal bei der Musik zur Ehre Gottes vor der Bundeslade, bei Gottesdiensten und vor dem Haus des HERRN. Bei dem Neubau des nachexilischen Tempels in Esra 3 und bei der Einweihung der wieder aufgebauten Mauer Jerusalems durften die *Metsiltajim* nicht fehlen.

Die *Metsêleth* weist symbolisch darauf hin, dass die, die Gott nahen, sich ganzheitlich, mit Geist, Leib und Seele von dem Geist Gottes leiten lassen sollen. Demgegenüber der *Tselâtsal* macht deutlich, dass alles was weltliche Grundlage hat und aller Eigenwille, mögen diese Dinge menschlich gesprochen noch so gut gemeint sein, werden von Gott nicht beachtet, sie werden, wie der *Tselâtsal*, hinweggetan.

Und das Endergebnis des ganzen ist: Fürchte Gott und halte seine Gebote; denn das ist der ganze Mensch (Pred 12,13).

Der HERR sagt in

3. Mose 10,3
In denen, die mir nahen, will ich geheiligt, und vor dem ganzen Volk will ich verherrlicht werden.

DAS KÝMBALON

Das griechische κύμβαλον (transkribiert: *kýmbalon*) wird mit Zimbel übersetzt, es ist das Äquivalent der hebräischen *Metsêleth*.

1. Korinther 13,1
Wenn ich mit den Sprachen der Menschen und der Engel rede, aber nicht Liebe *(agapē)* habe, so bin ich ein tönendes Kupfer geworden oder eine schallende Zimbel.

Archäologisches Nationalmuseum, Athen.
Griechisches *kýmbalon* aus Bronze.
Die Inschrift ist die Widmung einer Frau Kamo an die Göttin Kore, 500-480 v.Chr.

„tönendes" (*ēcheō*): Das griechische Wort hat die Bedeutung von „Explosion, ein lautes, nachhalliges, verwirrendes Geräusch" machen.

„Kupfer" (*chalkos*; auch übersetzt mit Messing, Bronze): erinnert an das hohle, leere Geräusch, das durch dünne bauchige Bronzeplatten entsteht, die in heidnischen Riten und griechischen Theatern verwendet werden. Das Wort bezeichnet ein ausgehöhltes, leeres Gefäß und leitet sich ab von „im Stich lassen, Kluft, senken, schlagen; von einer höheren zu einer niedrigeren Position gelangen".

„schallende" (*alalázō*), auch mit „klirrend" übersetzt: Es meint den sich wiederholenden Schlachtruf „*alalá*" und auch heulende Trauerklage (Mk 5,38).

„Zimbel" (*kýmbalon*): Ein hohles bzw. gewölbtes Becken, das in seinem Klang beim Zusammenschlagen einen anschwellenden wogenden- und wellenartigen, sich verlierenden Ton von sich gibt.

Der Apostel Paulus stellt hier den Briefempfängern in Korinth das Gegenbild von Psalm 150 vor: Wer als Christ ohne Liebe ist, dessen Zeugnis ist hohl, geräuschvoll, verwirrend und verliert sich schnell. Ein Christ kann nur dann zum Lob Gottes sein und dazu beitragen, wenn sein Wirken mit dem Wesen Gottes in Übereinstimmung ist. Und Gott ist Liebe (*agapē*; 1. Joh 4,8) und die Liebe Gottes (*agapē*; Rö 5,5) ist ausgegossen in unsere Herzen durch den Heiligen Geist, der uns gegeben worden ist.

DER CHALIL

Der hebräische חָלִיל (transkribiert: châlîyl) wird mit „Rohr, Pfeife, Flöte" übersetzt. Als Instrument wird er in 4 Bibelstellen 5-mal genannt und einmal wird das Wort mit „Flötenspiel" übersetzt.

Es wird vermutet, dass er ziemlich spät unter den Israeliten in Gebrauch gekommen war, er hatte sehr wahrscheinlich einen nichtisraelitischen, fremden Ursprung.

Der Châlîyl war ursprünglich bei den Hebräern eine einfache Flöte, ein Rohrblattinstrument aus Schilfrohr, mit anfangs einer und später mit zwei Rohrpfeifen, einer Melodiepfeife und einer Brummpfeife dem Bordun[45]. Die Länge der beiden Rohre wuchs im Lauf der Zeit bis auf rd. <45 cm.

Er wurde dann auch aus Holz, Knochen oder Elfenbein aus einem Stück gearbeitet, hatte anfänglich keine, später vier oder mehr Tonlöcher und wurden nach Art der „Flûte à bec" (ähnlich wie Blockflöte) geblasen.

In seiner Längsrichtung wurde das Material durchbohrt, was ihm den Namen gab: Châlîyl leitet sich ab von châlal, mit 143 Vorkommnissen. Châlal bedeutet: „entweihen, entheiligen, durchbohren, Wort brechen, gewöhnlich; krank, anflehen, schwach".

Die Bauweise eines Châlîyl ist dem Aufbau der griechischen Aulos, der römischen Tibia oder der arabischen Muzmar recht ähnlich.

In biblischen Zeiten war der Châlîyl in Israel ein sehr populäres Instrument, welches zu unterschiedlichen Anlässen gespielt wurde, die gegensätzlicher nicht sein konnten:

Foto: britishmuseum.org / Aulos
Fundort: Attika / Holz / 480-323 v.Chr.

---

[45] Bordun bedeutet so viel wie "Brummbass". Der Ausdruck bezeichnet einen meist tiefen Halteton zur Begleitung einer Melodie.

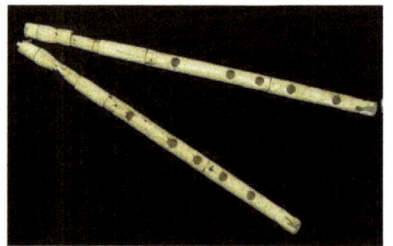

Foto: de.wikipedia.org / Doppelaulos
etwa 5. Jh. v.Chr. / Knochen / 35 cm lg.

Foto: Archäologisches Museum Thessaloniki
Doppelaulos / Knochen / Pydna, Makedonien / 4. Jh. v.Chr.

→ Eine Flöte, die ihren Namen von überwiegend negativen Attributen herleitet, und doch von Propheten gespielt wurde und auch bei der Inthronisierung Salomos eingesetzt wurde.

→ Der eine Klang der *Châlîyl* ist durchdringend und spitz, mitunter recht penetrant und wird demgegenüber von dem anhaltenden tiefen Brummton begleitet.

→ Im antiken Israel erzählte man sich, dass immer wenn er auf dem Berg *Môrîyâ* (+768 m) im Tempel zu Jerusalem gespielt wurde, der Klang nicht nur in der ganzen Stadt, sondern rd. 1000 m tiefer im Jordantal, bis nach Jericho (-250 m), der gottlosen Palmenstadt, zu hören gewesen sei.

→ Die 2 Pfeifenrohre, für die rechte und die linke Hand, wurden seltsamerweise „männlich" und „weiblich" genannt, häufiger aber „rechts" und „links" (dextra und sinistra).

→ Der *Châlîyl* wurde sowohl bei Freuden- als auch bei Trauerzeremonien gespielt.

→ So wie das Männliche dem Weiblichen und Rechts und Links sich gegenüberstehen, wie Freud und Leid, Leben und Tod, so wurde er zu gottesdienstlichen Anlässen der Juden gespielt als auch bei den Heidenvölkern.

Châlîyl zur Ehre Gottes:
1. Samuel 10,5

Danach wirst du (Saul) zu dem Hügel Gottes kommen, wo Aufstellungen der Philister sind; und es wird geschehen, sowie du dort in die Stadt kommst, wirst du einer Schar Propheten begegnen, die von der Höhe herabkommen, und vor ihnen her Harfe und Tamburin und Flöte (*châlîyl*) und Laute, und sie werden weissagen.

Châlîyl bei der Salbung Salomos zum König über Israel:
1. Könige 1,38-40
Und Zadok, der Priester, und Nathan, der Prophet, und Benaja und die Keretiter und die Peletiter zogen hinab und ließen Salomo auf der Mauleselin des Königs David reiten, und sie führten ihn nach Gihon. Und Zadok nahm das Ölhorn ... und salbte Salomo; und sie stießen in die Posaune, und alles Volk sprach: Es lebe der König Salomo! Und alles Volk zog hinauf hinter ihm her; und das Volk blies (*châlal*) auf Flöten (*châlîyl*), und sie freuten sich mit großer Freude, so dass die Erde barst von ihrem Geschrei.

Gerichtsankündigung, Weheruf über Juda:
Jesaja 5,11-12
Wehe denen, die frühmorgens sich aufmachen, um starkem Getränk nachzulaufen, bis spät am Abend bleiben – der Wein erhitzt sie! Und Laute und Harfe, Tamburin und Flöte (*châlîyl*) und Wein sind bei ihrem Gelage; aber auf das Tun des HERRN schauen sie nicht, und das Werk seiner Hände sehen sie nicht.

Gericht über Moab:
Jeremia 48,35-36
Und ich mache ein Ende in Moab, spricht der HERR, dem, der auf die Höhe steigt und seinen Göttern räuchert. Deshalb klagt gleich Flöten (*châlîyl*) mein Herz um Moab, und klagt gleich Flöten (*châlîyl*) mein Herz um die Leute von Kir-Heres. Deshalb geht was es erübrigt[46] hat zugrunde.

Freudenankündigung, weil der HERR den endgültigen Sieg über Seine und Israels Feinde errungen haben wird:
Jesaja 30,29
Gesang werdet ihr haben wie in der Nacht, da das Fest geweiht wird, und Freude des Herzens gleich denen, die unter Flötenspiel (*châlîyl*) hinziehen, um zu kommen auf den Berg des HERRN, zum Felsen Israels.

---

[46] Überschuss oder Rest, der nach der Deckung der Grundbedürfnisse verbleibt, insbesondere im Sinne von Reichtum oder Gewinn, der zur Sicherheit gespeichert ist.

In 6 „Schritten" wird uns die Geschichte Israels vorgestellt:

- Dem geringsten unter allen Völkern hat der Herr sich zugeneigt und für sich erwählt, wegen Seiner Liebe (5.Mo 7,7-8).
- Im Volk Gottes findet sich ein Überrest treuer Israeliten.
- Der Friedenbringende ist König.
- Das untreue Volk verlässt den HERRN und geht dem Gericht entgegen.
- Der Feind wird final gerichtet sein.
- Der treue Überrest hat Grund zur Freude.

DER AULOS

Der griechische αὐλός (transkribiert: *aulós*) wird als Instrument nur einmal genannt, er wird mit „Rohr, Pfeife, Flöte" übersetzt. Die Musikanten waren die *aulētḗs*, sie werden 2-mal genannt; diese Bezeichnung wird mit „Pfeifer, Flötenspieler" übersetzt.

Der *Aulós* hatte in der Regel zwei zylindrische oder leicht konische Melodierohre, die nicht miteinander verbunden waren und beim Spielen V-förmig gehalten wurden. Die Rohre bestanden aus Knochen, Schilfrohr oder Holz, in späterer Zeit auch aus Elfenbein oder Metall. Zwischen Spielrohr und Mundstück saßen zwei ei- bzw. trapezförmig verdickte Abschnitte. *Auló*i gab es in vielen Typen und Größen; die erhalten gebliebenen Rohre maßen etwa 30-55 cm.

Foto: musis.pt/aulos

Foto: horadelrecreo.com/c-instrumentos-musicales/aulos/

Bei den ältesten erhaltenen Instrumenten hat jedes Rohr fünf Grifflöcher, darunter ein Daumenloch an zweiter Stelle von oben; dazu kam oft ein sechstes nicht gegriffenes Loch.

Der Glaube sucht Hilfe bei dem Herrn Jesus, der Unglaube verlacht Ihn und Sein Wort.
Matthäus 9,18-26
Während er dies zu ihnen redete, siehe, da kam ein Vorsteher[47] herein und warf sich vor ihm nieder und sprach: Meine Tochter ist eben jetzt verschieden; aber komm und lege deine Hand auf sie, und sie wird leben. Und Jesus stand auf und folgte ihm, und seine Jünger. ... Und als Jesus in das Haus des Vorstehers kam und die Pfeifer (*aulētés*) und die lärmende Volksmenge sah, sprach er: Geht fort, denn das Mädchen ist nicht gestorben, sondern es schläft. Und sie verlachten ihn. Als aber die Volksmenge hinausgetrieben war, ging er hinein und ergriff sie bei der Hand; und das Mädchen stand auf. Und die Nachricht hiervon ging aus in jenes ganze Land.

Der Gläubige redet das Wort Gottes laut und deutlich, mit Weisheit, damit jeder es verstehen und aufnehmen kann und glaubt.
1. Korinther 14,1.3.7
Strebt nach der Liebe; eifert aber um die geistlichen Gaben, vielmehr aber, dass ihr weissagt. ... Wer aber weissagt, redet den Menschen zur Erbauung und Ermahnung und Tröstung. ... Doch auch die leblosen Dinge, die einen Ton von sich geben, es sei Pfeife (*aulós*) oder Harfe, wenn sie den Tönen keinen Unterschied geben, wie wird man erkennen, was gepfiffen (*auléō* [48]) oder geharft wird?

Der Ungläubige wird final und ohne Gnade gerichtet, verurteilt und auf ewig vollkommen hinweggetan.
Offenbarung 18,21 ff
Und ein starker Engel hob einen Stein auf wie einen großen Mühlstein und warf ihn ins Meer und sprach: So wird Babylon,

---

[47] *láeiros*: Mk 5,22; Lk 8,41.
[48] Mt 11,17; Lk 7,32

die große Stadt, mit Gewalt niedergeworfen und nie mehr gefunden werden. Und die Stimme der Harfensänger und Musiker und Flötenspieler (*aulētés*) und Trompeter wird nie mehr in dir gehört werden, ...

In 3 „Schritten" wird uns die Geschichte der Menschheit vorgestellt:

- Angesichts des allgegenwärtigen Todes findet sich im Volk Gottes ein Überrest treuer Israeliten, der die Öffentlichkeit nicht scheut. Letztendlich siegt der Glaube an den Messias, den Christus Gottes, über den Tod, auch in Israel.

- Zu jeder Zeit sollte und muss das Wort Gottes laut und deutlich verkündigt werden, in Wahrheit mit Weisheit, damit jeder es verstehen und aufnehmen kann und glaubt (vgl. Neh 8,1-9; vgl. Apg 17,10-12).

- Die Freuden der gottlosen Welt, alle Feinde des Wortes Gottes (Off 19,13), werden untergehen und ihre Stimmen werden nie wieder gehört werden.

In 7 Bibelstellen werden uns 8-mal die beiden recht gleichen Flöteninstrumente und ihr Gebrauch, der *Châlîyl* und der *Aulós*, vorgestellt. Und mit ihnen wird uns eine Wahrheit für alle gottgläubigen Menschen offenbart: *Durch Leiden zur Herrlichkeit* – gleich dem, was der Mensch, der Herr Jesus Christus, der Sohn Gottes gelebt und gelitten hat und am Kreuz Sein Leben dahingegeben hat um hernach verherrlicht in den Himmel aufgenommen und von Gott begrüßt[49] zu werden. Die Vollkommenheit des ganzen Ratschlusses Gottes bringt die Glaubenden aus dieser argen Welt und über den Tod hinaus in die Ewigkeit und in ungetrübte Gemeinschaft mit dem Messias, mit dem Christus Gottes.

Die dem diametral gegenüberstehende Wahrheit gilt allen Feinden Gottes, des Herrn Jesus Christus, sowohl denen aus den Juden als auch denen aus den Nationen: *selbstgemachte, von Gott getrennte „Herrlichkeiten" führen zu ewigen Leiden*. Sie werden mit Geist, Leib und Seele auf immerdar den Vollzug des gerechten Gerichts Got-

---

[49] *prosagoreúō* = zusammengesetztes Wort aus *prós* und *agorá*: *prós* = „zum Vorteil; in Richtung; hin zu; nahe bei" und *agorá* = „öffentlicher Platz, Versammlungsort, Treffpunkt für alle Gesellschaftsschichten". Also eine nicht verborgen gebliebene Wahrheit. Nur 1 Vorkommnis.

tes erleben und spüren, was es heißt: getrennt von Gott sein. Ihr Teil ist in dem See, der mit Feuer und Schwefel brennt, welches der zweite Tod ist (Off 21,8).

DAS TOPH

Das hebräische Musikinstrument תֹף (transkribiert: *tôph*) wird 17-mal genannt und mit Tamburin übersetzt, das Spielen auf einem Tamburin wird in Psalm 68,26 einmal erwähnt: „*tâphaph*".
Die Wortwurzel von „*Tôph*" ist das Verb „*tâphaph*", das „schlagen, trommeln" bedeutet[50].

Der *Tôph* ist ein Schlaginstrument, ein Rhythmusinstrument, eine Handtrommel, eine Rahmentrommel mit oder (seltener) ohne Schellen, die als Zills bekannt sind und an dem kreisrunden Holzrahmen befestigt waren. Dieser Rahmen war meistens einseitig mit Kalb-, Schaf-, Ziegenfell oder Fischleder bespannt.
Wir wissen von dem biblischen *Tôph* nicht gesichert, ob er mit Metallblättchen bestückt war, was aber anzunehmen ist; in Israel hatte der Rahmen wahrscheinlich fünf Öffnungen in denen dünne gewölbte Metallblättchen lose und paarweise aufgehängt wurden. Die Schlagfläche war auffallend groß, sein Durchmesser rd. 25 cm, der Rahmen war schmal, etwa <5 cm hoch.

Er war schon in patriarchalischen Zeiten in Gebrauch. In verschiedenen Übersetzungen wird er auch mit „Timbrel, Tabret, Pauke, Handpauke oder Handtrommel" übersetzt.

Der Ursprung des *Tôph* ist unbekannt, doch er wird bereits um 1700 v.Chr. in historischen Schriften erwähnt, darunter Ägypten, Arabien, Palästina, Assyrien, Mesopotamien und Griechenland, wo er in religiösen und feierlichen Kontexten verwendet wurde. Dort findet man ihn unter den Namen *Bendir*, *Daf* und *Riq*.

---

[50] Nur noch in Nahum 2,8 metaphorisch negativ: „schlagen sich an ihre Brust".

Die Rahmentrommel wurde fast ausschließlich von Frauen gespielt. Sie war ein Begleitinstrument und fand ihren Einsatz bei Festzügen und Feierlichkeiten zum Tanz und sie wurde *außerhalb* Israels von Tempeltänzerinnen zu kultischen Anlässen verwendet.

 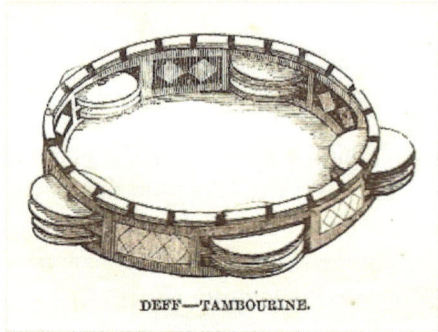

Foto: organology.net/instrument/tambourine/ mit Bespannung

Foto: en.wikipedia.org/wiki/Timbrel / Illustration. Judäischer Tof ohne Bespannung

Auch im Volk Israel war der *Tôph* vornehmlich das Rhythmusinstrument der Frauen, die sich mit ihm beim Singen und Tanzen begleitet hatten, doch es gab Ausnahmen (1. Sam 10,5). Und wir lesen oft von besonderen Feiern, wo er ein Instrument des ganzen Volkes war. Er wurde dann zu unterschiedlichen Anlässen benutzt.

In Israel er war *kein* Instrument der Tempelmusik.

Auch metaphorisch ist der *tôph* ein Rhythmusinstrument: Er strukturiert und markiert sozusagen die wiederkehrenden zeitlichen Abläufe der Menschheitsgeschichte, im Besonderen die Geschicke des Volkes Israel.

Das Instrument *Tôph* wird 17-mal genannt. Wir wissen aus der biblischen Zahlensymbolik, dass diese Zahl recht häufig mit kommenden bzw. vorhanden Schwierigkeiten und Übungen steht, an deren Ende etwas Neues beginnt.

In 6 Bibelstellen[51] lesen wir in direkter Verbindung mit dem *Tôph* von natürlicher menschlicher Freude. Sie markieren das menschliche Streben und das verlangt eine Entscheidung ob sie sich selbst oder einen Menschen feiern wollen oder Gott die Ehre geben möchten.

---

[51] Hiob 21,12; 1. Mo 31,27; Ri 11,34; 1. Sam 18,6; 2. Sam 6,5 und 1. Chr 13,8.

1. Samuel 18,6-9
Und es geschah, als sie einzogen, als David vom Erschlagen des Philisters zurückkehrte, da zogen die Frauen aus allen Städten Israels zu Gesang und Reigen dem König Saul entgegen, mit Tamburinen, mit Jubel und mit Triangeln. Und die Frauen, die spielten, sangen und sprachen: Saul hat seine Tausende erschlagen und David seine Zehntausende.
Da ergrimmte Saul sehr, und dieses Wort war übel in seinen Augen, und er sprach: Sie haben David Zehntausende gegeben, und mir haben sie die Tausende gegeben; es fehlt ihm nur noch das Königtum. Und Saul sah neidisch auf David von jenem Tag an und weiterhin.

In 4 Bibelstellen[52] lesen wir in direkter Verbindung mit dem *Tôph* von gottlosen Menschen und ihrer Feierfreude, danach aber das Gericht. Das abtrünnige Israel, Tyrus, Assyrien und letztlich die ganze Welt werden gerichtet werden. Sie markieren das Ende der Welt-Zeit.

Jesaja 5,11-12
Wehe denen (Bewohner von Jerusalem und Männer von Juda), die frühmorgens sich aufmachen, um starkem Getränk nachzulaufen, bis spät am Abend bleiben – der Wein erhitzt sie! Und Laute und Harfe, Tamburin und Flöte und Wein sind bei ihrem Gelage; aber auf das Tun des HERRN schauen sie nicht, und das Werk seiner Hände sehen sie nicht.

In 7 Bibelstellen[53] lesen wir in direkter Verbindung mit dem *Tôph* von der Freude im HERRN. Sie markieren die gottwohlgefällige Freude, die Ihm allein alle Ehre, Rettung, Stärke und Segen zuspricht.

Jeremia 31,3-6
Der HERR ist mir von fern erschienen: Ja, mit ewiger Liebe habe ich dich geliebt; darum habe ich dir fortdauern lassen meine Güte. Ich will dich wieder bauen, und du wirst gebaut werden, Jungfrau Israel! Du wirst dich wieder mit deinen Tamburinen schmücken und ausziehen im Reigen der Tanzenden. Du wirst wieder Weinberge pflanzen auf den Bergen Samarias; die Pflanzer wer-

---

[52] Jes 5,12; 24,8; 30,32; Hes 28,13.
[53] 2. Mo 15,20; 1. Sam 10,5; Ps 68,26; 81,3; 149,3; 150,4; Jer 31,4.

den pflanzen und genießen. Denn ein Tag wird sein, da die Wächter auf dem Gebirge Ephraim rufen werden: Macht euch auf und lasst uns nach Zion hinaufziehen zu dem HERRN, unserem Gott!

DER SHALISH

Der hebräische Wort שָׁלִישׁ (transkribiert: *shâlîysh*) wird nur einmal als das Triangel-Instrument übersetzt; darüber hinaus 12-mal mit „Anführer", 2-mal mit „Wagenkämpfer", 2-mal mit „Ritter" und je einmal mit „3, Maß, maßweise, Vortreffliches".
„*Shâlîysh*" leitet sich ab von *shâlôsh* und benennt die Zahl „3" und ihre Vielfachen.

Foto: musikwissenschaften.de
Illustration, Triangel um 1600. Abb. aus Praetorius 1619

Foto: de.wikipedia.org/wiki/Triangel. Illustration.
Triangel mit nach außen umgebogenen Enden

Foto: Kloster Himmelkron, Franken. Triangel musizierender Engel in einem Netzfeld des Gewölbes.

Ein steigbügelförmiger Triangel wird gelegentlich für das Schalischim der alten Hebräer angesehen (Quelle: musikwissenschaften.de/lexikon).

Archäologische Funde oder sonstige authentische Nachweise aus alttestamentlicher Zeit sind nicht bekannt.

Der Triangel wird in einem Manuskript⁽?⁾ aus dem 10. Jh. erwähnt. Im Gegensatz zum heutigen soll er dreieckig, trapez- oder steigbügelförmig geformt worden und geschlossen gewesen sein und er hatte wohl auch zusätzlich auf dem unteren Schenkel oft drei oder mehrere Klirrringe.
Ende des 14. Jahrhunderts zeigt eine Handschrift⁽?⁾ eine Triangel ohne Ringe. Häufig wurde der Triangel als Instrument musizierender Engel und anderer biblischer Gestalten dargestellt.
Bei älteren Modellen sind die spitz zulaufenden Enden etwas nach außen umgebogen.

Der Triangel ist ein Idiophon, ein sogenanntes selbstklingendes Aufschlaginstrument. Er hat als hoher Diskant[54] die Aufgabe, einem Orchester höchste Glanzlichter aufzusetzen. Wegen seines durchdringenden silbrig hellen Klangs wird er meistens spärlich zur Akzentuierung eingesetzt, sein Einsatz im richtigen Moment ist von Bedeutung, sein Klang durchdringt die ganze Kraft eines Orchesters. Er wird mit einem Triangelschlägel angeschlagen, wobei die Anschlagstelle von großer Wichtigkeit für die Klangqualität ist[55]. Das Instrument besteht aus einem runden Metallstab[56] (ebenso der Schlägel) der zu einem an einer Ecke offenen gleichschenkligen oder häufiger gleichseitigen Dreieck gebogen ist. Schenkellänge von 10-30 cm, der Durchmesser der 15-25 cm langen Triangelschlägel variiert von etwa 2-9 mm. In den oberen Winkel wird meistens eine dünne Schlaufe gebunden. Zum Spielen wird er an einer Schlaufe in der Hand gehalten, oder ohne Schlaufe frei in der Hand. (Quellen: en.wikipedia.org/wiki/Triangle / musikwissenschaften.de/lexikon / u.a.).

Die unterschiedlichen Übersetzungen heben die eine, als das Instrument Triangel, besonders hervor:

Die Übersetzung „Wagenlenker" weist hin auf den dritten Mann auf einem ägyptischen Streitwagen, der einen Verband mehrerer militärisch befehligte (2. Mo 14,7; 15,4).

---

[54] Instrument mit höchster Tonlage.
[55] Der erzeugte Klang ist ein Schwebeklang, ein Einzelklang von langer Dauer mit schwächer werdender Tonstärke (decrescendo).
[56] Aus Silber, Bronze, Messing, Berylliumkupfer, heute gewöhnlich aus Stahl.

Die Übersetzung „Anführer" finden wir bei der königlichen Elite, bei Vertrauten jüdischer, israelitischer und assyrischer Könige (von 2. Sam 23,8.13 („3") bis 2. Chr 8,9).

Die Übersetzung „Ritter" meint vornehme Krieger der Söhne Babels und alle Chaldäer, und alle Söhne Assurs, als Gerichtswerkzeuge Gottes gegen Sein abtrünniges Volk (Hes 23,15.23).

Die Übersetzung „Maß" offenbart Gottes exakt bestimmtes Maß in Seiner Schöpfung und „maßweise" drückt Sein exakt bestimmtes Maß an Züchtigung zum Wohl Seines Volkes aus.

Das alles führt uns zu den Worten der Weisheit, die uns „Vortreffliches (oder Auserlesenes: *shâlîysh*) lehren", wenn wir nur hören, aufnehmen bewahren und im Vertrauen uns die Worte der Wahrheit zur Richtschnur in unserem Leben machen:

> Sprüche 22,17-21
> Neige dein Ohr und höre die Worte der Weisen, und richte dein Herz auf mein Wissen! Denn lieblich ist es, wenn du sie in deinem Innern bewahrst; möchten sie allzumal auf deinen Lippen Bestand haben! Damit dein Vertrauen auf den HERRN sei, habe ich heute dich, ja dich belehrt. Habe ich dir nicht Vortreffliches (*shâlîysh*) aufgeschrieben an Ratschlägen und Erkenntnis, um dir die Richtschnur der Worte der Wahrheit mitzuteilen, damit du denen, die dich senden, Worte zurückbringst, die Wahrheit sind?

Vortreffliches offenbart sich in dem einzigen Ereignis, das den *Shâlîysh* als Musikinstrument erwähnt:

> 1. Samuel 18,6.7:
> Und es geschah, als sie einzogen, als David vom Erschlagen des Philisters zurückkehrte, da zogen die Frauen aus allen Städten Israels zu Gesang und Reigen dem König Saul entgegen mit Tamburinen, mit Jubel und mit Triangeln. Und die Frauen, die spielten, sangen und sprachen: Saul hat seine Tausende erschlagen und David seine Zehntausende.
> Da ergrimmte Saul sehr, und ... Saul sah neidisch[57] auf David von jenem Tag an und weiterhin.

---

[57] Metaphorisch: „Krummheit des Herzens; innere Schieflage; verzerrte Natur".

Diese Bibelstelle ist einzigartig und ist im Kontext bedeutsam, weil David, der designierte König Israels von dem ganzen Volk, durch den Wechselgesang der Frauen, höher geehrt wird als der noch amtierende König Saul.

In Kapitel 13,14 musste Samuel Saul sagen, dass sein Königtum nicht bestehen wird: Der Herr hat sich einen Mann gesucht nach seinem Herzen, und der Herr hat ihn zum Fürsten über sein Volk bestellt. In 15,28 musste Samuel noch schärfer werden: Der Herr hat heute das Königtum Israels von dir abgerissen und es deinem Nächsten gegeben, der besser ist als du. Und jetzt hier, in unserer Szene, erfährt Saul, dass auch das Volk David vor ihn gestellt hat. Er sagt völlig ergrimmt: ... es fehlt ihm nur noch das Königtum. (Vers 8).

Nach all den Jahren Seiner Herrschaft musste er erkennen, dass er in den Augen Gottes und jetzt auch in den Augen des Volkes ein Nichts ist, das konnte er nicht ertragen; kein religiöser Mensch, kein Sünder erträgt die Gegenwart des Gesalbten des HERRN.

In 1. Samuel 16,13 kommt der Geist des HERRN über David, in Vers 14 weicht er von Saul und ein böser Geist bemächtigt sich seiner.

Hier beginnt Saul ein Typus auf den Antichristus zu sein, und David, wird öffentlich der Typus auf den Herrn Jesus Christus, den Messias Israels. Auch Christus ist der König, der König der Juden, der König Israels und der König der Könige, und auch Er hat Seine Königsherrschaft noch nicht öffentlich angetreten und auch Er wurde gehasst und verfolgt.

Ganz Israel war gekommen – bemerkenswerter Mut. Es war eine lebensgefährliche Szene vor dem König und seinen Soldaten einem anderen zuzujubeln und diesen zu ehren – und den amtierenden König herabzusetzen. Doch Gott stand hinter der Szene!

»David ist ein bemerkenswertes Vorbild auf Christus. Als er von Saul gejagt wurde, stellte er Christus in seiner Verwerfung dar. Und als er auf dem Thron saß, war er ein Sinnbild Christi als ein Mann des Krieges, der seine Feinde niederwirft, bevor seine Friedensherrschaft im 1000-jährigen Reich anbricht, welche in der Herrschaft Salomos vorgebildet wird. Der Herr Jesus wird oft „Sohn Davids" genannt, und dennoch ist er Davids Herr.«

In jedem Kontext, in dem das Wort „shâlîysh" genannt wird, erkennen wir, dass es mit hochrangigen Persönlichkeiten in Verbindung steht. Und wir erkennen jedesmal, dass es Gott, der HERR ist, der 'ĕlôhîym yehôvâh Israels, der dreieine Gott, der bei den Geschehen in dem großen „Weltorchester" den entscheidenden „Ton" setzt.

1. Samuel 16,13-14
Da nahm Samuel das Ölhorn und salbte ihn inmitten seiner Brüder. Und der Geist des HERRN geriet über David von diesem Tag an und weiterhin. Und Samuel machte sich auf und ging nach Rama.
Aber der Geist des HERRN wich von Saul, und ein böser Geist von dem HERRN ängstigte ihn.

2. Samuel 2,4
Und die Männer von Juda kamen und salbten dort David zum König über das Haus Juda.

2. Samuel 5,1-3; 1. Chronika 11,1-3
Und alle Stämme Israels kamen zu David nach Hebron, und sie sprachen und sagten: Siehe, wir sind dein Gebein und dein Fleisch. Schon früher, als Saul König über uns war, bist *du* es gewesen, der Israel aus- und einführte; und der HERR hat zu dir gesagt: *Du* sollst mein Volk Israel weiden, und *du* sollst Fürst sein über Israel. Und alle Ältesten Israels kamen zu dem König nach Hebron, und der König David machte einen Bund mit ihnen in Hebron, vor dem HERRN; und sie salbten David zum König über Israel.

Dieses unscheinbare gleichseitige Dreieck, nach einer Seite offen, symbolisiert den 'ĕlôhîym yehôvâh, den Dreieinen-Gott, der sich den Menschen offenbart und ihnen Seinen Willen kundgetan hat, und dann mit Weisheit und mit Maß und Ziel alles genau so herbeiführt.
Zu zuvor bestimmter Zeit und Augenblick setzt *Er* als „hoher Diskant" den alles übertönenden und durchdringenden Klang im großen Weltgeschehen und im Kleinen des Alltagslebens.

DER SCHOFAR

Der hebräische שׁוֹפָר (transkribiert: *shôphâr*) wird 72-mal genannt und er ist damit das am häufigsten genannte Instrument der Bibel. Das Wort wird 58-mal mit „Posaune" übersetzt, dann aber auch mit „Lärmhorn, Jubel- oder Hallposaune".
In Psalm 150,3 meint es den explodierenden Ton der *Shôphâr*.
„Posaunenschall" meint „den Donner, das Getöse, den Lärm", den Charakter des Tons.

Das Wort „*Shôphâr*" hat ursprünglich die Bedeutung von „einschneiden" im Sinn von „einschneidender Ton", „deutlich spürbar, einprägsam, eindringlich, nachhaltig, nachdrücklich, unvergesslich". Es leitet sich etymologisch von dem Verb „*shâphar*" ab und das bedeutet „erfreulich sein, schön sein, gerecht sein, hell, lieblich, stattlich"; es kommt nur einmal vor und zwar in

Psalm 16,4
Die Messschnüre sind mir gefallen in lieblichen Örtern; ja, ein schönes (*shâphar*) Erbteil ist mir geworden.

Foto: israelheute.com

Foto: de.wikipedia.org/wiki/Schofar

Der *Shôphâr* ist ein Naturblasinstrument. Ursprünglich, in Anlehnung an 1. Mose 22,13, das Horn eines Widders; jedenfalls musste er von einem koscheren Tier sein. Rinderhörner waren verpönt wegen der schweren Sünde mit dem „goldenen Kalb" (2. Mo 32,1-6).

Das Horn hat (gestreckt) eine Länge von rd. 40-60 cm. Es wird vom Schädel abgetrennt und ausgehöhlt: Knochenmasse und Knochenmark werden entfernt, dann ausgekocht. Für das Mundstück wird die Spitze abgesägt, in Wasser erhitzt und ausgeformt.

Die natürliche Trichterform des Horns wirkt als Schallverstärker, denn der darin erzeugte

Ton wird gebündelt. Er ist durchdringend, rau, kräftig, eindringlich und tief emotional, er dient nicht der Musik, sondern der Erschütterung: der Shôphârton soll Menschen wachrütteln, aufschrecken und erschrecken; die Herzen sollen ergriffen werden.

Foto: de.wikipedia.org/wiki/

Später wurden *Schofarot* auch aus dem Schraubengehörn der Kudu, einer Antilopenart, gemacht; sie waren bis zu 105 cm lang, gestreckt bis zu 160 cm.

Historisch betrachtet ist es der HERR selbst, der den *Shôphâr* das erste Mal erwähnt, und zwar als das Instrument, das in den Kampf ruft. Bei diesem Ruf hat selbst ein Tier keine Angst vor der Gefahr, es gehorcht der (Seiner) Stimme.

Hiob 39,19-25
Gibst du dem Pferd Stärke, bekleidest du seinen Hals mit der wallenden Mähne? Machst du es aufspringen gleich der Heuschrecke? Sein prächtiges Schnauben ist Schrecken. Es scharrt in der Ebene und freut sich der Kraft, zieht aus, den Waffen entgegen. Es lacht der Furcht und erschrickt nicht und kehrt vor dem Schwert nicht um. Auf ihm klirrt der Köcher, der blitzende Speer und Wurfspieß. Mit Ungestüm und Zorn schlürft es den Boden, und lässt sich nicht halten, wenn die Posaune ertönt. Beim Schall der Posaune ruft es: Hui! Und aus der Ferne wittert es die Schlacht, den Donnerruf der Heerführer und das Feldgeschrei.

In der Gegenwart Gottes, des HERRN, vor und nach der Gesetzgebung im Sinaigebirge, wird der mächtige Schall der *Shôphâr* 4-mal genannt:

2. Mose 19,13-20; 20,18
Wenn das Lärmhorn (od. Widderhorn) anhaltend ertönt, sollen sie gegen den Berg hinansteigen. Und Mose stieg vom Berg zu dem Volk hinab; und er heiligte das Volk. ... Und es geschah am dritten Tag, als es Morgen war, da waren Donner und Blitze und eine schwere Wolke auf dem Berg und ein sehr starker Posaunenschall; und das ganze Volk zitterte, das im Lager war. Und Mose

führte das Volk aus dem Lager hinaus, Gott entgegen; und sie stellten sich auf am Fuß des Berges. Und der ganze Berg Sinai rauchte, weil der HERR auf ihn herabstieg im Feuer; und sein Rauch stieg auf wie der Rauch eines Schmelzofens, und der ganze Berg bebte sehr. Und der Posaunenschall wurde fort und fort stärker; Mose redete, und Gott antwortete ihm mit einer Stimme. Und der HERR stieg auf den Berg Sinai herab, auf den Gipfel des Berges; und der HERR rief Mose auf den Gipfel des Berges, und Mose stieg hinauf. ...

Und das ganze Volk nahm die Donner und die Flammen und den Posaunenschall und den rauchenden Berg wahr. Und als das Volk es wahrnahm, zitterten sie und standen von ferne;

Der Kampf unter der Führung Gottes führt den vollkommenen Sieg herbei: 14-mal (2x7) werden die Posaunen (incl. Lärmhorn) bei der Eroberung der Stadt Jericho genannt und 14-mal wird die Zahl „7" erwähnt.

Josua 6,3-20 (gekürzt)

Und ihr sollt die Stadt umziehen, alle Kriegsleute, einmal rings um die Stadt her; so sollst du sechs Tage tun. Und sieben Priester sollen sieben Hall-Posaunen vor der Lade hertragen. Und am siebten Tag sollt ihr die Stadt siebenmal umziehen, und die Priester sollen in die Posaunen stoßen. Und es soll geschehen, wenn man das Lärmhorn (od. Widderhorn) anhaltend bläst, wenn ihr den Schall der Posaune hört, so soll das ganze Volk ein großes Geschrei erheben; und die Mauer der Stadt wird an ihrer Stelle einstürzen, und das Volk soll hinaufsteigen, jeder gerade vor sich hin.

Und Josua rief die Priester und sprach zu ihnen: Nehmt die Lade des Bundes auf, und sieben Priester sollen sieben Hall-Posaunen vor der Lade des HERRN hertragen. Und ... da zogen die sieben Priester hin, die die sieben Hall-Posaunen vor dem HERRN hertrugen, und stießen in die Posaunen; und die Lade des Bundes des HERRN folgte hinter ihnen. Und die Gerüsteten zogen vor den Priestern her, die in die Posaunen stießen, und der Nachzug ging hinter der Lade her, indem sie fort und fort in die Posaunen stießen. ...

Und die sieben Priester, die die sieben Hall-Posaunen vor der Lade des HERRN hertrugen, gingen fort und fort und stießen in die Posaunen; und die Gerüsteten zogen vor ihnen her, und der Nachzug ging hinter der Lade des HERRN her, indem sie fort und fort in die Posaunen stießen. ...
Und es geschah am siebten Tag, da ... umzogen sie die Stadt nach dieser Weise siebenmal; ... Und es geschah beim siebten Mal, als die Priester in die Posaunen stießen, da sprach Josua zu dem Volk: Erhebt ein Geschrei! Denn der HERR hat euch die Stadt gegeben. ... Und das Volk erhob ein Geschrei, und sie stießen in die Posaunen. Und es geschah, als das Volk den Schall der Posaunen hörte, und als das Volk ein großes Geschrei erhob, da stürzte die Mauer an ihrer Stelle ein.

Bei dem Kampf gegen Midian und Amalek und die Söhne des Ostens lesen wir in

Richter 6,33-34:
Und der Geist des HERRN kam über Gideon; und er stieß in die Posaune, ...

Danach, in Kapitel 7, werden noch 8-mal die Posaunen in Verbindung mit der unmittelbaren Vorbereitung auf den Kampf erwähnt. Unter der Leitung des Heiligen Geistes (symbolisch die Zahl „9" = 3x3) wird nicht nur ein vollständiger Sieg errungen (symbolisch die Zahl „7"), es gibt auch einen Neuanfang in Gnaden (symbolisch die Zahl „8"), das Land hatte in den Tagen Gideons Ruhe 40 Jahre (Ri 8,28).

Das letzte Mal, wenn im AT der *Shôphâr* genannt wird, ist es der Prophet Sacharja, der den *'ĕlôhîym yehôvâh*, den *'ădônây*, schaut, wie Er Sein Volk vor den Kriegsheeren seiner Bedränger errettet:

Sacharja 9,9.14-17
Frohlocke laut, Tochter Zion; jauchze, Tochter Jerusalem! Siehe, dein König wird zu dir kommen: Gerecht und ein Retter ist er demütig, und auf einem Esel reitend, und zwar auf einem Füllen, einem Jungen der Eselin.
Und der HERR wird über ihnen erscheinen, und sein Pfeil wird ausfahren wie der Blitz; und der Herr, HERR, wird in die Posaune stoßen und einherziehen in Stürmen des Südens. Der HERR der

Heerscharen wird sie beschirmen; ... Und der HERR, ihr Gott, wird sie retten an jenem Tag, wird sein Volk retten wie eine Herde; denn Kronensteine sind sie, funkelnd auf seinem Land. Denn wie groß ist seine Anmut und wie groß seine Schönheit!

Der *Shôphâr* symbolisiert die Autorität und Macht Gottes, die allein schon durch Seine Stimme repräsentiert wird: *Er* sprach, und es war; *er* gebot, und es stand da (Ps 33,9). Ihr ist mit Ehrfurcht zu begegnen. Seinem Ruf muss man folgen und man kann sich darauf verlassen, denn Er ist treu! Ruft Er zur Wachsamkeit, dann droht Gefahr. Kämpft man die Kämpfe des HERRN – Er führt den Sieg herbei. Sein Wort bestätigt Königsherrschaften. Sein Wort löst im Volk Jubelfeiern aus.
Der Schall Seines Wortes ist prägnant. Es ist dem Menschen nützlich gehorsam zu sein. Die Stimme Gottes soll nicht nur mit den Ohren, sie soll vor allem im Herzen gehört werden, in einem Herzen, das zu Ihm hin ausgerichtet ist.

Wenn das Getöse der Stimme Gottes aus seinem Mund hervorgeht, wenn Seine Stimme brüllt, dann donnert Er mit seiner erhabenen Stimme, Gott donnert wunderbar mit seiner Stimme; er tut große Dinge, die wir nicht begreifen. ... Den Donner seiner Macht, wer versteht ihn? (Hiob 37,5; 26,14).

Die gewaltige Stimme Gottes ist gleich dem Schall der *Shôphâr*, der Seine Herrschaft über Seine Schöpfung verkündet (Ps 29[58]), über alle Nationen, Stämme, Völker und Sprachen (Ps 150) und sie verkündet die Rettung von ganz Israel, was zu Jubel und Freude in Seinem Volk führt.

Es braucht aber auch Unterscheidungsvermögen, denn der Feind kämpft mit List und Tücke:
In 1. Samuel 13,3 lässt der religiöse König Saul in die Posaunen stoßen um sich hernach widerrechtlich den Sieg selbst zuzuschreiben (Kap. 13-14).
In 2. Samuel 15,10 zettelt der gottlose Absalom eine Verschwörung gegen den Gesalbten des HERRN an und lässt sich widerrechtlich als König ausrufen.

---

[58] C.H.Spurgeon nennt ihn den „Psalm der sieben Donner" und Luther schreibt „Vom Donner des göttlichen Worts".

In 2. Samuel 20,1-2 ist es Scheba, der Benjaminiter: Er zettelte einen Aufstand gegen König David an, stieß in die Posaune und ließ ausrufen: Wir haben kein Teil an David und kein Erbteil an dem Sohn Isais! Jeder zu seinen Zelten, Israel! Da zogen alle Männer von Israel von David weg, Scheba, dem Sohn Bikris, nach.

DIE CHAZOZRAH

Die hebräische חֲצֹצְרָה (transkribiert: chătsôts^{e}râh) wird in 29 Bibelstellen 33-mal erwähnt und mit „Trompete, Trompeter, Lärmtrompete (terûw'âh chătsôts^{e}râh)" übersetzt.

Das Wort leitet sich ab von dem Verb „châtsar", das bedeutet „schmettern, blasen, trompeten" und „die Stimme erheben mit Trompeten" in dem Sinn, dass akustisch eine Trennung signalisiert oder ein Schutzwall um das Volk gezogen wird: Hier die Gegenwart und Heiligkeit Gottes, dort die Priesterschaft und das Volk[59]; hier die im Krieg bedrängten Juden, dort der rettende HERR[60].

Oft werden beide Worte in einem Kontext verwendet.

Unwidersprochen gilt die Meinung – mangels archäologischer Nachweise –, dass diese Trompeten aus einem langen, geraden Silberrohr gefertigt worden waren, die in einem schalenförmigen Trichter endeten. Seine Tonerzeugung war auf die Technik des Trompeters beschränkt.

4. Mose 10,1-10

Und der HERR redete zu Mose und sprach: Mache dir zwei Trompeten aus Silber; ...; und sie sollen dir dienen zur Berufung der Gemeinde und zum Aufbruch der Lager. Und stößt man in dieselben, so soll die ganze Gemeinde sich zu dir versammeln an den Eingang des Zeltes der Zusammenkunft. Und wenn man in *eine* stößt, so sollen die Fürsten sich zu dir versammeln, die Häupter der Tausende Israels. Und blast ihr Lärm, so sollen die Lager aufbrechen, die nach Osten lagern; und blast ihr Lärm

---

[59] 1. Chr 15,24; 2. Chr 5,12.13; 7,6; 29,28
[60] 2. Chr 13,14

zum zweiten Mal, so sollen die Lager aufbrechen, die nach Süden lagern: Zu ihrem Aufbruch sollen sie Lärm blasen. Aber um die Versammlung zu versammeln, sollt ihr hineinstoßen und nicht Lärm blasen. Und die Söhne Aarons, die Priester, sollen in die Trompeten stoßen. ... Und wenn ihr in eurem Land in den Kampf zieht gegen den Bedränger, der euch bedrängt, so sollt ihr mit den Trompeten Lärm blasen; und es wird euer gedacht werden vor dem HERRN, eurem Gott, und ihr werdet gerettet werden von euren Feinden. Und an euren Freudentagen und an euren Festen und an euren Neumonden, da sollt ihr in die Trompeten stoßen bei euren Brandopfern und bei euren Friedensopfern; und sie sollen euch zum Gedächtnis sein vor eurem Gott. Ich bin der HERR, euer Gott.

Foto: maranathaministrieshawaii.org/ - Illustration

Foto: de.wikipedia.org/wiki/
Chazozrot auf Bar-Kochba-Münze

Foto: Wikimedia Commons
Detail am Titusbogen in Rom

In 4. Mose 10 hatte Gott Anweisung gegeben zu welchen Anlässen in die Trompeten gestoßen werden soll. Auffällig ist, dass wir keine Bibelstelle finden, bei dem das Volk oder nur die Ältesten durch Trompetenstöße zusammengerufen oder die großen Lager zum Aufbruch aufgefordert wurden.

4-mal kommen die *Chătsôtserâh* bei kriegerischen Auseinandersetzungen zum Einsatz[61], wo der HERR herbeigerufen wird um Rettung zu schaffen.

19-mal kommen die *Chătsôtserâh* zum Einsatz bei großer Freude[62] in Verbindung mit der Bundeslade, dem Tempel, der Inthronisierung Joas, bei Reformen und nachexilisch bei der Grundsteinlegung des neuen Tempels und der Einweihung der Mauer Jerusalems. Bei diesen Ereignissen offenbarte sich die Sonderstellung Israels und Judas, denn sie waren das auserwählte Volk Gottes, abgesondert von den Nationen.

In Hosea 5,8 wird sie erwähnt in Verbindung mit Gottes Zorn über Sein Volk wegen ihrer vielen Sünden und unbußfertigen Herzen; Er hat sich ihnen „entzogen". Und in Psalm 98,6 ist Gott der königliche Richter über die Welt, der final eine Grenze zieht gegenüber den gottlosen Völkern.

1. Chronika 15,14-15.24
Da heiligten sich die Priester und die Leviten, um die Lade des HERRN, des Gottes Israels, hinaufzubringen. Und die Söhne der Leviten trugen die Lade Gottes auf ihren Schultern, indem sie die Stangen auf sich legten, so wie Mose geboten hatte nach dem Wort des HERRN. ... Und Schebanja und Josaphat und Nethaneel und Amasai und Sekarja und Benaja und Elieser, die Priester, schmetterten mit den Trompeten vor der Lade Gottes her.

2. Chronika 5,11-14
Und es geschah, als die Priester aus dem Heiligen herausgingen ... und als die Leviten, die Sänger, sie alle, ... in Byssus gekleidet, mit Zimbeln und mit Harfen und Lauten auf der Ostseite des Altars standen, und mit ihnen 120 Priester, die mit Trompeten

---

[61] 4.Mo 31,6; 2. Chr 13,12.14; 20,28.
[62] 2. Kö 11,14; 1. Chr 13,8; 15,24.28; 16,6; 2. Chr 5,12; 15,14; 23,13; 29,26-28; Esra 3,10; Neh 12,35.41.

schmetterten, – es geschah, als die Trompeter und die Sänger wie *ein* Mann waren, um *eine* Stimme ertönen zu lassen, den HERRN zu loben und zu preisen, und als sie die Stimme erhoben mit Trompeten und mit Zimbeln und mit Musikinstrumenten und mit dem Lob des HERRN, weil er gütig ist, weil seine Güte ewiglich währt: da wurde das Haus, das Haus des HERRN, mit einer Wolke erfüllt. Und die Priester vermochten wegen der Wolke nicht dazustehen, um den Dienst zu verrichten; denn die Herrlichkeit des HERRN erfüllte das Haus Gottes.

3-mal wird uns die Anzahl der *Chătsôtserâh* genannt: Zuerst 2 bei Mose, dann 7 bei David und 120 bei Salomo; wir werden eine konsequente Fortentwicklung erkennen:

Foto: facebook.com/templeinstitute/photos / bisoratquibenecantat.wordpress.com / Illustration

(•) Gemäß der biblischen Zahlensymbolik steht die Zahl „2" in ihrer positiven Bedeutung für Gemeinschaft, Bestätigung, Hinzufügung, Hilfe.

(*) Die Zahl „7", in ihrer positiven Bedeutung, (zerlegt in 3+4), ist die Zahl geistlicher Vollkommenheit und der Vollendung in dieser Welt unter der Beurteilung Gottes.

(>) Die Zahl „12" (zerlegt in 3x4) weist hin auf die Souveränität Gottes, verbunden mit der Verantwortung und Verwaltung des Menschen über die Dinge des Herrn, die Er ihnen anvertraut hat – und das Vielfache (120) verstärkt diese Bedeutung. Sie weist darauf hin, wer dem Herrn nahen darf und auf welche Weise und wie Gott mit Ehrfurcht, willigem Herzen und mit Freude, Lob, Dank und Anbetung dargebracht haben will.

(•) Mit dem Mann Mose begann der HERR Sein auserwähltes Volk in direkte Gemeinschaft mit Ihm zu rufen. Er befreite Israel aus der Sklaverei und errettete sie. Mose war dem HERRN treu ergeben und führte das Volk, gehorsam gegenüber Seinem Wort, durch die Wüste zum „Heiligen Land".

(*) Jetzt war es an ihnen, auf Sein Wort zu hören und zu befolgen. Unter der Führung von König David, dem Mann nach dem Herzen Gottes, wurde alles getan um durch den Glaubensgehorsam den HERRN zu ehren. David kämpfte die Kämpfe Gottes und suchte beständig Seine Nähe. Und Gott bezeugte ihm Sein Wohlgefallen und versicherte ihm Beständigkeit in der Herrschaft über das Volk.

(>) So vollkommen gemacht brachen Zeiten der Gerechtigkeit und des Friedens für Israel unter der Herrschaft des König Salomo an. Das Volk war zubereitet zur wahrhaftigen Anbetung in praktischer Ausübung der rituellen Gottesdienste zur Ehre des HERRN.

In der beständigen und bewussten Gegenwart Gottes zu leben gibt es immer ein geistliches Wachstum.

2. Mose 19,4-6

(•) Ihr habt gesehen, was ich an den Ägyptern getan habe, wie ich euch getragen auf Adlers Flügeln und euch zu mir gebracht habe.

(*) Und nun, wenn ihr fleißig auf meine Stimme hören und meinen Bund halten werdet, so sollt ihr mein Eigentum sein aus allen Völkern; denn die ganze Erde ist mein;

(>) und ihr sollt mir ein Königreich von Priestern und eine heilige Nation sein.
Das sind die Worte, die du zu den Kindern Israel reden sollst.

Und in dieser Reihenfolge werden zukünftige Dinge ablaufen, wenn Gott, der HERR, der Messias Israels zu Gunsten Seines irdischen Volkes auf die Erde wiederkommt, sie in Gemeinschaft mit sich bringt, sie aus der Drangsal heraus errettet und in ihnen ein Volk von wahren Anbetern auf der Erde hat, für Zeit und Ewigkeit.

Sprüche 25,4
Man entferne die Schlacken von dem Silber, so geht für den Goldschmied ein Gerät hervor.

Psalm 119,72
Besser ist mir das Gesetz deines Mundes als Tausende aus Gold und Silber.

Psalm 12,7
Die Worte des HERRN sind reine Worte – Silber, das geläutert in dem Schmelztiegel zur Erde fließt, siebenmal gereinigt.

Das hebräische Wort für das Edelmetall „Silber" ist *keçeph*; es wird auch mit „Geld, Preis, Erlös, Zahlung" übersetzt und hat 403 Vorkommnisse. Die Bezeichnung leitet sich ab von einem Verb mit der Bedeutung „Verlangen, lang ersehnt, strafen, fürchten, Wund sein".

Zu alttestamentlicher Zeit war Silber ein gängiges Zahlungsmittel. So wurde z.B. das Sühngeld der Israeliten für die Standbeine der Stiftshütte und die zusammenhaltenden Haken verwendet, was vorbildet, dass das „Haus Gottes" auf ewig auf „Sühnung" gegründet ist.

In göttlicher Vorausschau erkennen wir im Licht der ganzen Bibel, dass Jesus Christus unsere Sünden an Seinem Leib getragen hat, dass *Er* an unserer statt zur Sünde gemacht worden ist und dass *Er* Sühnung getan hat für unsere Sünden; *Er* hat Sein Leben gegeben als Lösegeld für viele, *Er* hat den vollen Preis bezahlt (1. Pet 2,24; 2. Kor 5,21; 1. Joh 2,2; 4,10; Mt 20,28; 1. Kor 6,20; 7,23).

Er, der Christus Gottes wurde „7-fach im Feuer geläutert": Gott hatte Ihn in Seinem Tod, in Seinem Gericht der Sünde wegen, vollkommen geprüft und festgestellt, dass Er fremde Schuld in das Gericht getragen hat und für fremde Schuld gelitten hat und wegen fremder Schuld gestorben ist. Die auf Ihn gelegten Sünden von Vielen sind hinweggetan auf ewig, abgewaschen durch Sein Blut. Darum hat Gott Ihn auch aus den Toten auferweckt und Ihn auf Seinen Thron in der himmlischen Herrlichkeit gesetzt, wo *Er* nun auf immerdar alle gotteigenen Rechte besitzt (1. Kor 15,28). Aufgrund dieser widerspruchsfreien und hochheiligen Wahrheit konnte Gott schon zu alttestamentlicher Zeit nachsichtig sein und die Sünden des Volkes hingehenlassen, im Vorausblick auf den Sühnetod des Herrn Jesus Christus (Rö 3,25). Das heißt also, dass die Gläubigen jeder Haushaltung nicht mit Silber oder Gold, erlöst worden sind, sondern mit dem kostbaren Blut Christi (1. Pet 1,18-19).

Ob ein Mose, ein David oder ein Salomo, ob 2 oder 7 oder 120 silberne Trompeten, alles weist hin auf den Herrn Jesus Christus und auf Sein vollbrachtes Erlösungswerk auf dem Kreuz von Golgatha zur Errettung von Vielen.

Psalm 119,89
In Ewigkeit, HERR, steht dein Wort fest in den Himmeln.

Lukas 21,33
Der Himmel und die Erde werden vergehen,
meine Worte aber werden nicht vergehen.

Lukas 24,25-27.44-47
O ihr Unverständigen und trägen Herzens, zu glauben an alles, was die Propheten geredet haben! Musste nicht der Christus dies leiden und in seine Herrlichkeit eingehen? Und von Mose und von allen Propheten anfangend, erklärte er ihnen in allen Schriften das, was ihn betraf. ...
Er sprach aber zu ihnen: Dies sind die Worte, die ich zu euch redete, als ich noch bei euch war, dass alles erfüllt werden muss, was über mich geschrieben steht in dem Gesetz Moses' und den Propheten und Psalmen. Dann öffnete er ihnen das Verständnis, um die Schriften zu verstehen, und sprach zu ihnen: So steht geschrieben, und so musste der Christus leiden und am dritten Tag auferstehen aus den Toten und in seinem Namen Buße und Vergebung der Sünden gepredigt werden allen Nationen, anfangend von Jerusalem.

Die *Chătsôtserâh* symbolisieren das Wort Gottes an Sein Volk – geschrieben und gesprochen und dargestellt –, und Christus Jesus, der Messias Israels, der in Person Gott und Mensch ist, ist das vollkommene Wort Gottes (Joh 1,1-3.14; Off 19,13).

Die Salpigx

Das griechische Wort σάλπιγξ (transkribiert: *sálpigx*) bezeichnet ein antikes Blechblasinstrument ohne Ventile oder Klappen, ein Naturinstrument[63].
Die Septuaginta (LXX) setzt für Naturinstrumente den allgemeinen Begriff „*Sálpigx*" ein, je nach Übersetzung heißt es dann „Trompete", „Posaune" oder „(Signal)-Horn".
Das Wort leitet sich ab von *sálos*, das eine Welle beschreibt, eine wellenförmige Bewegung, Schwingungen, eine Vibration, wedeln, schütteln, zittern; auch was die Luft in Bewegung setzt.

Die griechische *Sálpigx* wird erstmals von dem Dichter Homér in seinem Epos der Ilias aus dem 8./7. Jh.v.Chr. erwähnt. Physisch gibt es keine eindeutig bezeugten griechischen *Salpingen* mehr.

Sie entspricht der „Lituus", der etruskischen Naturtrompete, auch der altägyptische „Sheneb", die sehr wahrscheinlich ihre Vorläufer waren, und der „römischen Tuba" (lat. *tubus* = „Röhre"), deren Vorbild sie sehr wahrscheinlich war.

In den Jahren 332-63 v.Chr. stand Israel und Juda einschneidend unter hellenistischer Herrschaft. Dann, ab 63 v.Chr., eroberte Rom in seinem Expansionsdrang die damaligen Provinzen Judäa und Galiläa, jetzt Provinz Syria, und setzte Klientelkönige und Statthalter ein. Die Herrschaftsgewalt wurde von der römischen Armee gesichert.
Die jüdisch-religiöse Kultur behielt ihre Kernstrukturen, die „silbernen Trompeten" verschwanden und die sog. „griechische *Sálpigx*" wurde von der römischen Variante, der „römischen Tuba", abgelöst.
Zur Zeit des Herrn Jesus und der Apostel war nur noch die sog. „römische Tuba" im Einsatz.

Diese antike Tuba, ein Naturinstrument, war eine rd. 120 cm lange, gerade Trompete aus Bronze oder Messing, mit glockenförmigem Schallbecher. Sie war ein in der Hauptsache militärisches Signalinstrument,

---

[63] Die verschiedenen Töne werden nur durch Anspannung der Lippen und Intensität des Luftstroms erzeugt.

das dunkle, dröhnende, raue, furchteinflößende Töne, mit einem wirkungsvollen Schalleffekt, erzeugte. Das Mundstück war aus Bronze oder Elfenbein gefertigt.

Foto: commons.wikimedia.org/wiki / Antikes römisches Relief mit Soldaten aus dem 1.-2. Jh.n.Chr. im Museo Ostiense (Ostia Antica); links ein Bucinator, rechts ein Tubicen

Foto: de.wikipedia.org/wiki/
Römische Tubabläser (Tubicen),
dargestellt auf der Trajansäule, 112/113 n.Chr.

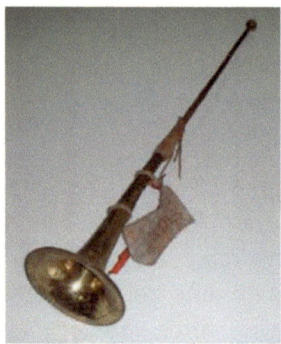

Foto: musis.pt/tuba-romana/

Als reines Signalinstrument wurde sie zwar auch bei besonderen Festen, Spielen und Beerdigungen eingesetzt, aber nie zum Musizieren verwendet, weil ungeeignet.

Die Bläser römischer Tuben waren angesehene, professionelle Militärmusiker in der römischen Armee, sie wurden *Tubicines* oder *Tubatores* (Plural. *Tubicen* = Singular) genannt.

Die „römischen Tuba" ist die biblische „*Sálpigx*"; sie wird im NT 11-mal erwähnt. In der Symbolik der Bibel weist „11" auf etwas unvollendetes, unvollständiges hin.

Das Wort Gottes muss verständlich, laut und deutlich sein:

1. Korinther 14,8

Denn auch wenn die Posaune einen undeutlichen Ton gibt, wer wird sich zum Kampf rüsten?

Die Gnade triumphiert über das Gericht:

Hebräer 12,18-22

Denn ihr seid nicht gekommen zu etwas, das [od. zu dem Berg, der] betastet werden konnte, und zu dem entzündeten Feuer und dem Dunkel und der Finsternis und dem Sturm und dem Posaunenschall und der Stimme der Worte, deren Hörer baten, dass das Wort nicht mehr an sie gerichtet würde (denn sie konnten nicht ertragen, was geboten wurde[64]: „Und wenn ein Tier den Berg berührt, soll es gesteinigt werden." Und so furchtbar war die Erscheinung, dass Mose sagte: „Ich bin voll Furcht und Zittern"), sondern ihr seid gekommen zum Berg Zion und zur Stadt des lebendigen Gottes, dem himmlischen Jerusalem;

Das Geheimnis der Auferstehung:

1. Korinther 15,51-52

Siehe, ich sage euch ein Geheimnis: Wir werden zwar nicht alle entschlafen, wir werden aber alle verwandelt werden, in einem Nu[65], in einem Augenblick, bei der letzten[66] Posaune; denn posaunen wird es, und die Toten werden auferweckt werden unverweslich, und wir werden verwandelt werden.

Die Teilhaber der Auferstehung aus den Toten und ihre Entrückung:

1. Thessalonicher 4,15-17

(Denn dieses sagen wir euch im Wort des Herrn, dass wir, die Lebenden, die übrigbleiben bis zur Ankunft[67] des Herrn, den Entschlafenen keineswegs zuvorkommen werden. Denn der Herr

---

[64] Die *Sálpigx* wird dem *Shôphâr* gleichgestellt (2. Mo 19; 20,18-21).

[65] *átomos* bedeutet „unteilbar". Doch der Herr kann das teilen, in ein „zuerst" und ein „danach" (1. Thes 4,16-17).

[66] *éschatos* = (ein Superlativ): ein bestimmter Zeitpunkt, den die Gläubigen auf der Erde hören und dann entrückt werden; die Epoche der Erdenzeit der *Ekklēsia* ist beendet.

[67] *parousía* = Dabeisein, Danebensein, mit dem Ziel einer bleibenden Präsenz und persönlicher, leiblicher Gemeinschaft.

selbst wird mit gebietendem Zuruf, mit der Stimme eines Erzengels und mit der Posaune Gottes herabkommen vom Himmel, und die Toten in Christus werden zuerst auferstehen; danach werden wir, die Lebenden[68], die übrigbleiben, zugleich mit ihnen entrückt werden in Wolken dem Herrn entgegen in die Luft; und so werden wir allezeit bei dem Herrn sein.

Zum Ende, der Auftrag: Das Wort Gottes – das was war, das was ist und das was geschehen wird – muss unmissverständlich, klar und deutlich sein:

Offenbarung 1,10-11.17-19
Ich, [Johannes], war an des Herrn Tag im Geist, und ich hörte hinter mir eine laute Stimme wie die einer Posaune, die sprach: Was du siehst schreibe in ein Buch und sende es ...
Fürchte dich nicht! *Ich* bin der Erste und der Letzte und der Lebendige, und ich war tot, und siehe, ich bin lebendig von Ewigkeit zu Ewigkeit und habe die Schlüssel des Todes und des Hades. Schreibe nun, was du gesehen hast, und was ist und was nach diesem geschehen wird.

Johannes im Geist bei Christus, der auf dem Thron im Gerichtssaal Gottes sitzt; seine Vision der Dinge, die jetzt auf der Erde beginnen zu geschehen:

Offenbarung 4,1-2.4.6.8.10-11
Nach diesem sah ich: Und siehe, eine Tür war aufgetan in dem Himmel, und die erste Stimme, die ich gehört hatte wie die einer Posaune mit mir reden, sprach: Komm hier herauf, und ich werde dir zeigen, was nach diesem geschehen muss.
Sogleich war ich im Geist; und siehe, ein Thron stand in dem Himmel, und auf dem Thron saß einer.
Und rings um den Thron waren 24 Throne, und auf den Thronen saßen 24 Älteste, ... Und um den Thron her vier lebendige Wesen, ... und sie hören Tag und Nacht nicht auf zu sagen: Heilig, heilig, heilig, Herr, Gott, Allmächtiger, der war und der ist und der kommt! ...

---

[68] 1. Kor 15,52.

Und die 24 Ältesten werden niederfallen vor dem, der auf dem Thron sitzt, und den anbeten, der lebt von Ewigkeit zu Ewigkeit, und werden ihre Kronen niederwerfen vor dem Thron und sagen: Du bist würdig, o unser Herr und unser Gott, zu nehmen die Herrlichkeit und die Ehre und die Macht; denn *du* hast alle Dinge erschaffen, und deines Willens wegen waren sie und sind sie erschaffen worden.

Das Kommen des Sohnes des Menschen auf die Erde:

Matthäus 24,29-31
Sogleich aber nach der Drangsal jener Tage wird die Sonne verfinstert werden, und der Mond seinen Schein nicht geben, und die Sterne werden vom Himmel fallen, und die Kräfte der Himmel werden erschüttert werden. Und dann wird das Zeichen des Sohnes des Menschen in dem Himmel erscheinen; und dann werden wehklagen alle Stämme des Landes, und sie werden den Sohn des Menschen kommen sehen auf den Wolken des Himmels mit Macht und großer Herrlichkeit. Und er wird seine Engel aussenden mit starkem Posaunenschall[69], und sie werden seine Auserwählten versammeln von den vier Winden her, von dem einen Ende der Himmel bis zu ihrem anderen Ende.

Die Gerichte, die über den ganzen Erdkreis kommen. Gott der Herr hatte sie immer und immer wieder angekündigt und angedroht:

Off 8,2.6.13; 9,1.13.14; 10,7; 11,15-17; 16,17.
Und als es das siebte Siegel öffnete, entstand ein Schweigen in dem Himmel, etwa eine halbe Stunde.

Und ich sah die sieben Engel, die vor Gott stehen; und es wurden ihnen sieben Posaunen gegeben. ...
Und die sieben Engel, die die sieben Posaunen hatten, bereiteten sich, damit sie posaunten.

Und der erste posaunte: ...
Und der zweite Engel posaunte: ...
Und der dritte Engel posaunte: ...
Und der vierte Engel posaunte: ...

---

[69] Eig. nur „Posaunen" = „*Sálpigx*". And. üb. „helle Posaunen".

Und ich sah: Und ich hörte einen Adler fliegen inmitten des Himmels und mit lauter Stimme sagen: Wehe, wehe, wehe denen, die auf der Erde wohnen, wegen der übrigen Stimmen der Posaune der drei Engel, die posaunen werden!

Und der fünfte Engel posaunte: ...
Und der sechste Engel, ... der die Posaune hatte, ... posaunte: ...

In den Tagen der Stimme des siebten Engels, wenn er posaunen wird, wird auch das Geheimnis Gottes vollendet sein,

Und der siebte Engel posaunte:
Und es geschahen laute Stimmen in dem Himmel, die sprachen: Das Reich der Welt unseres Herrn und seines Christus ist gekommen, und er wird herrschen von Ewigkeit zu Ewigkeit. Und die 24 Ältesten, die vor Gott auf ihren Thronen sitzen, fielen auf ihre Angesichter und beteten Gott an und sprachen: Wir danken dir, Herr, Gott, Allmächtiger, der ist und der war, dass du angenommen hast deine große Macht und angetreten deine Herrschaft!

Und der siebte goss seine Schale aus in die Luft; und es ging eine laute Stimme aus von dem Tempel [des Himmels], von dem Thron, die sprach: Es ist geschehen.

Wir sagten, dass die Zahl „11" auf etwas unvollendetes, unvollständiges hinweist. Es fehlt noch „1" zur Zahl „12": diese Zahl deutet vollkommene administrative Macht an. Dieser Zustand ist dann erreicht, wenn auch die Toten vor dem „großen weißen Thron" stehen und ihr gerechtes Gericht empfangen werden (Off 20,11-15).

Die *Salpigx* ein mächtiges biblisches Instrument, das die Aufmerksamkeit auf wichtige, oft dramatische Ereignisse lenkt; sie weist hin auf die Erfüllung aller Worte Gottes, und auch hier erkennen wir eine fortschreitende Linie:

⇒ Seine Gemeinde, die *ekklēsía*, wird noch einmal ermuntert und ermahnt das Wort Gottes klar und deutlich zu verkündigen, denn das Ende aller Dinge ist nahegekommen (1. Pet 4,7).

⇒ Das Ende und das Ziel der Kinder Gottes auf ihrem Glaubensweg wird „en détail" beschrieben und als Glaubensgewissheit zu einer le-

bendigen Hoffnung, durch die Auferstehung Jesu Christi aus den Toten, befestigt (1. Pet 1,3). Im Vorbild sehen wir den Apostel Johannes im Thronsaal Gottes mit all Seinen Heiligen, an den der göttliche Ruf ergangen war: Komm hier herauf, und ich werde dir zeigen, was nach diesem geschehen muss.
Aus dieser Stellung heraus, in Sicherheit gebracht, „bei dem Herrn sein", erleben die entrückten Gläubigen der Gnadenzeit die Gerichte, die über die ganze bewohnte Erde kommen.

⇒ Dunkel, dröhnend, laut, rau und furchteinflößend macht der Herr, Gott, nun all das wahr, was Er seit Jahrtausenden den Menschen, und in außerordentlich eindrucksvoller Weise Seinem Israel, angekündigt und angedroht hat: Ich werde in meinem Zorn jede Gottlosigkeit, jede Gräuel- und Freveltat, jede Sünde auslöschen und den Erdkreis richten in Gerechtigkeit und die Völker nach Recht.

Es sind 3 Naturblasinstrumente:

3, die im Volk Gottes zu den verschiedensten Anlässen immer zugegen und im Gebrauch sind, ab nie um damit zu „spielen".

3, die ohne irgendwelche Hilfsmittel, Bohrungen, Ventile oder Klappen geblasen werden.

3, die unmittelbar und direkt, und ausschließlich durch die Anspannung der Lippen und Intensität des Luftstroms, ihren Ton erschallen lassen.

3, die jeweils immer denselben Grundton von sich geben: mal laut, mal leise; mal kurz, mal lang; mal hell, mal dunkel.

Das entspricht vorbildhaft wunderbar dem Wort Gottes:
Das Wort Gottes ist auch rein in Seinem „Wort-Ton-Verhältnis". Sein „Schall" ist nicht fremd beeinflusst, manipuliert oder gar verfälscht durch Phantasien, Philosophien oder künstlich erdichteten Fabeln.
Das Wort Gottes ist heilig, vollkommen, gerecht, treu, ohne Trug, gerecht und gerade.

Der *Shôphâr*	Gottes Autorität und Macht über Seine Schöpfung.
Die *Chătsôts⁽e⁾râh*	Gottes Wort an Sein Volk.
Die *Sálpigx*	Gott lässt auch nicht ein Jota und Strichlein Seines Wortes vergehen, bis alles geschehen ist was Er gesagt hat (Mt 5,18).

DER PAAMON

Mit dem hebräischen Wort פעמן (transkribiert: *pa'ămôn*) wird im AT 7-mal ein Glöckchen (oder mit „Schellen" übersetzt) erwähnt, und zwar allein bei der Kleidertracht des Hohenpriesters. 3-mal nennt der *'ĕlôhîym yehôvâh* (der dreieine Gott) ihn bei Seinem Befehl an Mose:

> 2. Mose 28,31-35
> Und der HERR (25,1) redete zu Mose und sprach:
> Und mache das Oberkleid des Ephods ganz von blauem Purpur.
> ... Und an seinen Saum mache Granatäpfel von blauem und rotem Purpur und Karmesin, an seinen Saum ringsum, und Schellen aus Gold zwischen ihnen ringsum: eine Schelle aus Gold und einen Granatapfel, eine Schelle aus Gold und einen Granatapfel an den Saum des Oberkleides ringsum. Und Aaron soll es anhaben, um den Dienst zu verrichten, dass sein Klang gehört werde, wenn er ins Heiligtum hineingeht vor dem HERRN, und wenn er hinausgeht, dass er nicht sterbe.

und 4-mal werden die *pa'ămônîm* genannt bei der Ausführung des Befehls:

> 2. Mose 31,4; 38,22-23; 39,22-26
> und Bezaleel ... vom Stamm Juda, mit dem Geist Gottes erfüllt ... zu arbeiten in Gold machte alles, was der HERR dem Mose geboten hatte; und mit ihm Oholiab ... vom Stamm Dan, ein Künstler und Kunstweber und Buntwirker.
> Und er machte das Oberkleid des Ephods in Weberarbeit. ... Und

sie machten an den Saum des Oberkleides Granatäpfel von blauem und rotem Purpur und Karmesin, gezwirnt. Und sie machten Schellen von reinem Gold und setzten die Schellen zwischen die Granatäpfel an den Saum des Oberkleides ringsum, zwischen die Granatäpfel: eine Schelle und einen Granatapfel, eine Schelle und einen Granatapfel an den Saum des Oberkleides ringsum, um den Dienst zu verrichten: so wie der HERR dem Mose geboten hatte.

Die Wortherkunft von *pa'ămôn* ist „*pa'am*" und bedeutet so viel wie „anhaltend schlagen"; „*pa'am*" hat die Bedeutung von „Fuß, Schritt (sehr häufig), Schlag, Takt, Zeit; Trittschall; auftreten", in dem Sinn von „konsequent vorantreiben, immer wieder, noch einmal".

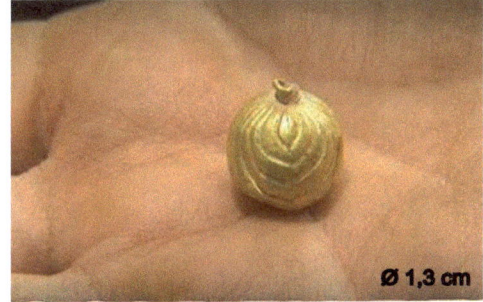

Fotos: israelfact.blogspot.com
biblicalarchaeology.org
timeline.cityofdavid.org.il

Ø 1,3 cm

Der Archäologe Eli Shukron entdeckte 2011 bei Ausgrabungen in Jerusalem, in der Nähe des Tempelbergs, eine 2.000 Jahre alte kleine Glocke aus reinem Gold, mit der man auch immer noch läuten konnte. Das Archäologenteam entdeckt das Glöckchen in einer alten Abwasserleitung in der Jerusalemer Altstadt. Aufgrund der räumlichen Nähe theoretisieren sie, dass dieses wahrscheinlich auf den Kleidern des Hohenpriesters getragen wurde, der zur Zeit des Zweiten Tempels lebte. Dieser bisher einzige Fund dieser Art bestätigt die Authentizität des Wortes Gottes.

Frühe außerbiblische Quellen[(?)] sagen, dass die zierlichen Glöckchen einen lieblichen Klang hatten. Des Weiteren wird im Talmud beschrieben, dass es 72 Glöckchen waren, das sind zwölfmal sechs[70]. Ihr Klang musste gehört werden, wenn der Hohepriester im Heiligtum Seinen Gottesdienst nach Vorschrift verrichtete, „damit er nicht sterbe". Das „ihn hören" war also auch mit der Konsequenz verbunden.

---

[70] Wenn das so war, dann hätte das symbolisch die Bedeutung: das bewusste Hinstreben („6") zu einem vollkommenen Gottesdienst („12").

Das sagte der HERR zu dem Menschen Aaron in seiner natürlichen Stellung.

Als Hoherpriester nun, in seiner amtlichen Stellung, musste Aaron zuerst für sich selbst und dann für das ganze Volk Gottes die Reinigung der Sünden bewirken, um vor dem HERRN erscheinen zu können, um den Wohlgeruch der Anbetung aller aufsteigen zu lassen. In diesem ist Aaron ein bemerkenswertes Vorbild auf den Herrn Jesus Christus, der jetzt als der aus den Toten auferstandene Mensch – und Er ist Gott – zur Rechten Gottes[71] weilt, um sich fürsprechend vor dem Thron der Gnade für die Seinen zu verwenden. Er ist der wahre, der vollkommene Diener des Heiligtums, Er ist der große Priester[72] über das Haus Gottes (Heb 2,18; 4,14; 7,25; 8,2; 9,24; 10,21).

Die Pa'ămônîm-Glöckchen sind wohlklingende, beruhigende Instrumente, die den Gläubigen beständig, allezeit daran erinnern, dass sie nicht verlassen sind, sondern dass sie einen Sachwalter im Himmel haben, Jesus Christus, den Gerechten (1. Joh 2,1), der sie dort mit göttlicher Liebe vertritt und in allem ihr Beistand ist.

Der Granatapfel

Weil die Pa'ămônîm ausschließlich mit stilisierten Granatäpfeln in direktem Zusammenhang gebracht sind, müssen wir uns an dieser Stelle, wenn auch nur kurz, mit dieser Frucht beschäftigen:

Das hebräische Wort für Granatapfel ist „rimmôn"; es bezeichnet sowohl den Baum als auch seine Frucht (solcher Art Fruchtornamente waren auch am salomonischen Tempel geformt).

„Rimmôn" geht etymologisch auf „rāmam" zurück; das bedeutet: emporheben, erhöht sein, auffahren; hoch sein, hochsteigen, sich wegheben". Es beschreibt in den 7 Vorkommnissen jeweils eine Aufwärtsbewegung und auch ein „sich aufrichten", einen erhöhten Status.

Der Rimmôn steht sinnbildlich für Schönheit, Segnung und Absonderung.

---

[71] „Zur Rechten Gottes" bedeutet, dass Er als Mensch nun alle göttlichen Rechte auf sich vereint.
[72] Im Sinn von „ewiger Priester".

Die prall gefüllte Frucht mit ihren vielen Samen war Sinnbild der Vollkommenheit, der unendlichen Zahl natürlicher Eigenschaften Gottes. Wenn die vollreife Frucht aufspringt werden die Samenkerne freigesetzt, die ihrerseits wieder neue Frucht hervorbringen. Verschiedene Quellen[73] geben an, dass entsprechende globale Forschungen ergeben haben, dass die symbolträchtige Frucht 613 Samenkerne hat (einige weniger als 613 und einige mehr, aber im Durchschnitt waren es 613), genauso viel wie das Alte Testament an Gesetzen (Gebote und Verbote) enthält.

Der Granatapfel besteht im Grunde nur aus Samen. Oder anders ausgedrückt: Weil so extrem viele Samen im Granatapfel sind, können aus einer einzigen Frucht hunderte neue Früchte entstehen.

Im Judentum war der Granatapfel ein Symbol für die Gesetzestreue gegenüber der Thora. Und weil eine harte, nicht genießbare Schale die „vollkommene" Frucht schützt, galt er auch als Symbol für den äußerlich strengen, im Inneren aber gütigen Priester.

Foto: mymorningmanna.com

Der Granatapfel erinnert den Gläubigen, dass er dem Bösen fliehen und sich allezeit nahe beim Herrn Jesus aufhalten soll.
Nur dort, bei Ihm, bringt er Frucht für Gott, bringt mehr Frucht, ja, der Treue bringt viel Frucht für seinen Herrn und Heiland (Joh 15,1-2.5).

Der *Pa'ämôn* und der *Rimmôn* gehören unbedingt zueinander, eins neben dem anderen in stetem Wechsel: Die Treue und der Gehorsam des Gottgläubigen und die Antwort des HERRN in Treue, Gnade und Barmherzigkeit, ohne Unterbrechung, rund um den Saum des hohenpriesterlichen Oberkleides. Das war bei den Gläubigen im AT so und geistlicherweise ist das auch heute noch unverändert gleich. Auf immerdar gereinigt und geheiligt und einen fürsorglichen Sachwalter zur Seite habend, kann der Gläubige mit Freimütigkeit Seinem Gott Anbetung bringen und Ihm dienen. Diese beständige Gemeinschaft führt

---

[73] z.B zitiert bei: jmberlin.de, Granatapfel und ch/heilpflanzen/punica_granatum

unmittelbar dazu, dass ich meinem Herrn Frucht bringe und ein Segen bin für meinen Nächsten. Ich kann authentisch und glaubwürdig von Seinem Reichtum erzählen, von all Seinen Segnungen geistlicher und physischer Art und den himmlischen Herrlichkeiten.

Psalm 133
Siehe, wie gut und wie lieblich ist es, wenn Brüder einträchtig beieinander wohnen!
Wie das köstliche Öl auf dem Haupt, das herabfließt auf den Bart, auf den Bart Aarons, das herabfließt auf den Saum seiner Kleider; wie der Tau des Hermon, der herabfällt auf die Berge Zions; denn dort hat der HERR den Segen verordnet, Leben bis in Ewigkeit.

Bis zu den *Pa ʿămônîm* und den *Rimônim* floss das kostbare Salböl (*ṭôḇ šemen*). Nur der Heilige Geist bewirkt, dass jeder Glaubende überzeugt ist und mit Sicherheit weiß, dass er zu aller Zeit in der Gegenwart Gottes lebt. Und nur der Heilige Geist bewirkt und befähigt, dass der Glaubende nicht gleichförmig der Welt lebt. So zeigt es sich, dass Glaubensgeschwister einträchtig beieinander wohnen. Und der Herr schenkt Gutes aus Seiner Fülle.

Die *Pa ʿămônîm* sind die ersten von 2 Musikinstrumenten, die nicht in unmittelbarer Weise von einem Mensch gespielt wurden, und zusammen mit dem *Rimônim* sind sie die einzigen im Wort Gottes, die mit dem Heiligen Geist und dem Segen Gottes in direkter Verbindung stehen. Siehe!: es ist sehr bedeutungsvoll und soll unsere Aufmerksamkeit auf diese kostbare Gnadengabe Gottes lenken: wie gut und wie lieblich ist es, wenn Brüder einträchtig beieinander wohnen!

DIE METSILLAH

Das hebräische Wort מְצִלָּה (transkribiert: *mᵉtsillâh*) wird nur einmal benutzt und mit „Schellen, Glocken" übersetzt und verbindet es mit „klingender Musik, Geklimper, Geklingel".

Wie der *Tselâtsal* und die *Metsêleth* leitet sich das Wort auch von dem Verb *tsâlal* ab.

> Sacharja 14,1.16.20-21
> Siehe, ein Tag kommt für den HERRN, ... (da werden) alle Übriggebliebenen von allen Nationen ... von Jahr zu Jahr hinaufziehen, um den König, den HERRN der Heerscharen, anzubeten und das Laubhüttenfest zu feiern. ... An jenem Tag wird auf den Schellen der Pferde stehen: Heilig dem HERRN. Und die Kochtöpfe im Haus des HERRN werden sein wie die Opferschalen vor dem Altar; und jeder Kochtopf in Jerusalem und in Juda wird dem HERRN der Heerscharen heilig sein; und alle Opfernden werden kommen und von denselben nehmen und darin kochen. Und es wird an jenem Tag kein Kanaaniter mehr sein im Haus des HERRN der Heerscharen.

Foto: de.vecteezy.com / Samantha Allendorf
2 Ideen (lizenzfrei). ⇒ Foto: shutterstock.com/de
Araber mit goldgelben Zaumzeug und dekorativen Ketten.

Die Aufschrift „*qōḏeš yehôvâh*" („Heilig dem HERRN") finden wir nur noch in

> 2. Mose 28,36-38
> Und mache ein Blech von reinem Gold und stich darauf mit Siegelstecherei: Heilig dem HERRN! Und tue es an eine Schnur von blauem Purpur; und es soll an dem Kopfbund sein, an der Vorderseite des Kopfbundes soll es sein. Und es soll auf der Stirn Aarons sein, und Aaron soll die Ungerechtigkeit der heiligen Dinge tragen, die die Kinder Israel heiligen werden, bei allen Gaben ihrer heiligen Dinge; und es soll beständig an seiner Stirn sein, zum Wohlgefallen für sie vor dem HERRN.

Mit der im Vorbild praktisch dargestellten Heiligkeit des aaronitischen Priestertums lässt der Prophet Sacharja erkennen, dass ein treuer Überrest des Volkes Gottes und alle Übriggebliebenen von allen Nationen das Laubhüttenfest feiern werden, was an die Rettung des Volkes aus der Sklaverei in Ägypten erinnert. Das Fest weist im Bild hin auf das 1000-jährige Reich, wenn das ganze Israel in den vollen Segen des HERRN eintreten wird.

Diese klingenden Schellen korrespondieren mit dem goldenen Stirnblech Aarons und spannen einen Bogen von dem zeitlich begrenzten und bedingten „Sinaibund" bis hin zu dem bedingungslosen und ewig gültigen „Neuen Bund" (Jer 31,31-34).

Doch es sind Pferde, auf denen diese goldene Schrift steht. Pferde sind in der Bibel ein Hinweis auf Kraft und Mut und stehen im Zusammenhang mit kriegerischem Handeln[74]. Im 1000-jährigen Reich herrscht Gerechtigkeit, und „Heilig dem Herrn" erinnert jeden immer und überall daran. An diese Wahrheit erinnerte Gott recht häufig[75]:

> Psalm 101,8
> Jeden Morgen will ich vertilgen alle Gottlosen des Landes, um aus der Stadt des HERRN auszurotten alle, die Frevel tun.

Die Musikinstrumente der Bibel, die zur Ehre Gottes gespielt wurden, wurden alle von Menschen gespielt. Die Glöckchen und Schellen nicht. Sie erklingen auf Schritt und Tritt, sowohl im Verborgenen wie auch im Öffentlichen.

Die Glöckchen lassen wissen, dass Gott, obwohl Er im Dunkel wohnt, nicht fern ist von jedem von uns (2. Chr 6,1; Apg 17,27).

Die Schellen lassen wissen, dass der Herr, Gott, einmal sichtbarlich als das Licht der Welt über allen und allem leuchten und regieren wird (Joh 8,12; 9,5; 12,46; Off 21,23; 22,5).

---

[74] Das Reiten auf einem Esel symbolisiert Friedensabsicht und Zeiten des Friedens (Sach 9,9; Mt 21,4).
[75] Jes 9,6; 32,1; u.a.